高效成交的催眠式销售

赵英凯
编著

中国纺织出版社

内 容 提 要

随着催眠心理学逐渐被人们认识和研究，催眠也被运用到销售活动中。实行催眠式销售的目的是：通过了解顾客心理并应用语言暗示引导，让顾客更加喜欢你和接纳你的产品，更愿意购买你的产品……

本书就是从洞悉客户心理的角度，教你如何运用催眠的技巧来引导客户接受你的建议，进而让客户和你顺利达成交易。本书内容通俗易懂、简单实用，是生意场上的使用指南，能助你快速提升销售业绩。

图书在版编目（CIP）数据

高效成交的催眠式销售／赵英凯编著.--北京：中国纺织出版社，2018.1（2023.6重印）
ISBN 978-7-5180-4594-5

Ⅰ.①高… Ⅱ.①赵… Ⅲ.①销售—方法 Ⅳ.①F713.3

中国版本图书馆CIP数据核字（2018）第014776号

责任编辑：闫 星　特约编辑：李 杨　责任印制：储志伟

中国纺织出版社出版发行
地址：北京市朝阳区百子湾东里A407号楼　邮政编码：100124
销售电话：010—67004422　传真：010—87155801
http：//www.c-textilep.com
E-mail：faxing@c-textilep.com
中国纺织出版社天猫旗舰店
官方微博http：//weibo.com/2119887771
永清县晔盛亚胶印有限公司印刷　各地新华书店经销
2018年1月第1版　2023年6月第4次印刷
开本：710×1000　1/16　印张：13
字数：193千字　定价：78.00元

前言

现代社会，随着心理学领域的很多问题被人们逐渐认识，在我们的现实生活中，也越来越多地出现了这样一个词——催眠。提到催眠，或许你会想到某个节目上念念有词的表演者，但其实，催眠是一种变动的心理状态，现代催眠术认为，催眠是情境的结果。其实，在我们生活和工作的周围，催眠的例子随处可见，如沉浸于动画世界的孩子、热恋中的男女、在海边嬉戏的人们等。不管是有意为之还是无心为之，催眠无时无刻不在发生着。而随着催眠心理学逐渐被人们认识和研究，催眠心理学也逐渐被运用到商务活动中，其中就包括销售行业，于是，催眠式销售也应运而生。

如果你也是销售人员，可能你没有意识到，很多情况下，你之所以能做成生意，是因为你在三言两语之间营造了一种情境，然后通过巧妙引导让对方进入了催眠状态。不知你是否曾有过以下体验：进入某店铺，你在导购员的引导下买下了自己根本不需要的东西；在商场里，你会不自觉地购买经常在电视上做广告的某款产品——其实，这都是因为我们的购买心理被影响和催眠了。

诚然，我们承认一点，销售是靠口才吃饭的，销售员需要好的口才，但销售是一门让客户从内心真正接受产品的艺术，无论是产品推介还是讨价还价，或者是处理异议，甚至是说服购买的过程中，都需要销售员实施一系列的心理催眠技巧，适时地说出巧妙的话，从而引导客户进入我们设定的销售氛围中，最终达成交易。

在催眠式销售过程中，掌握客户的心理，并赢得客户的信任是催眠式销售成功的关键，而销售员是否能灵活运用一些催眠技巧便成了销售成败的关键之所在。专业机构的调查显示，在销售过程中，假如销售人员能运用符合客户心理的策略进行推销，那么，销售成功的可能性为53%左右；但是假如采用一般的推销方式，成功率只有24%左右。可见，销售过程中，充分掌握客户的心理，并运用催眠策略影响客户的行为，能大幅度地提高销售的业绩，让销售员事半功倍，在最短的时间内销售出去更多的产品。

在销售界，有这样一句话："说服他，不如催眠他。"本书就是从催眠心理学的角度出发，完整揭示在催眠式销售中催眠绝技六大基本功：自信、倾听、赞美、认同、提问、引导，以及催眠的六大步骤，帮助正在从事销售行业的人员们学习"所向披靡"的实战必胜催眠绝招，助其让客户跟随引导，步步向成功迈进。本书实用性强，随学随用，相信能对你有所帮助，帮助你成为销售行业中的佼佼者！

编著者

目 录

第3章 催眠式销售绝技之二：倾听，倾听术让客户在潜移默化中信任你

第4章 催眠式销售绝技之三：赞美，运用赞美迅速打开客户柔软的心

催眠式销售绝技之四：认同，肯定让客户不知不觉间对你打开心扉

第6章 催眠式销售绝技之五：提问，提问有助于了解客户的真实心理

第7章 催眠式销售绝技之六：把握人性，找到销售心理突破点

第8章 催眠式销售绝技之七：引导，催眠式销售的目的就是让客户进入你的圈套

第9章 催眠式销售步骤一：陈述卖点，让客户从潜意识认定你的产品独一无二

第10章 催眠式销售步骤二：巧言让客户接纳你的报价

第11章 催眠式销售步骤三：把握客户内心诉求，激发客户的购买欲望

第12章 催眠式销售步骤四：彻底洗脑，如何让客户从说“不”到“是”

第13章 催眠式销售步骤五：深化催眠，把客户的“担心”转化成购买的理由

第 1 章

什么是催眠式销售：将催眠运用到销售中让你业绩倍增

生活中，我们经常听到“催眠”一词，而一提到催眠，我们大概都会想到电视上播出的一些催眠表演的画面。比如，一位催眠师用一个怀表在一个观众面前晃来晃去，嘴里念念有词，不久，这位被催眠者就睡着了。实际上，日常生活中，我们都在自觉或者不自觉地催眠他人，或是被他人催眠。这一方法也可以被我们运用到销售活动中，在催眠式销售过程中，只要我们能弱化客户的反抗意识，令其接纳我们自身和我们的产品，销售就变得容易多了。

你的销售话术为什么无效

我们先来看看销售员小王的销售经历：

小王："您好，很高兴为您服务。"

客户："您好，我是 ×× 公司的 ××，我们是一家新成立的公司。我想咨询一下关于制作企业网站的费用问题，可以吗？"

小王："当然可以。我们公司就可以给您做这方面的业务，我们还可以在网络中介为贵公司进行产品推广，我们有7600家行业网站联盟，还有情报跟踪、首页推广、直达等功能。"

客户："那多少钱？"

小王："一年9800元。"

客户："太贵了。"

这位客户在说"太贵了"的时候，眼神很快从销售人员身上移开了，甚至都不敢看销售人员的眼睛。而这位销售人员却没有察觉到客户的表情。

小王："这还贵呀，那你希望多少钱呀？"

客户："我暂时还不需要。"

小王："那你什么时候需要呀……"

还没等销售员说完，这位客户已经走远了。

可能很多经验不足的销售员都会遇到这种情况。很明显，案例中的销售员小王的方法是无效甚至是失败的。

那么，为什么这位销售人员的销售话术是无效的呢？对此，我们有必要先了解人的意识是怎样作用到行为上的。

人的意识在清醒时分为显意识、潜意识和超意识三种。至于超意识，我们此处略过不谈。显意识和潜意识是我们耳熟能详的，虽然我们在日常的生活和学习中已经熟识这两个概念，但这二者是怎样影响到销售的，可能有些人并不了解。

那么，客户的“抗拒”来自哪个意识层？而客户的购买行动又是来自哪个意识层？为什么你的表述如此专业，客户还是无动于衷呢？为什么你勤勤恳恳地推销，赚的钱还是只能糊口？

我们都知道，在人的心理结构中，一部分是人们能察觉到的，一部分是人们察觉不到的，前者就是显意识的部分，而后者则是潜意识的部分。

在我们的行为活动中，我们会知道为什么要做某件事，能够清楚地意识到自己内心的活动，这就是显意识的内容。而我们在做很多事的时候，并不清楚我们背后发生的意识活动，在这种情况下，在背后起作用的就是潜意识。比如，价值观，几乎我们每个人在做某件事或者进行某个抉择的时候，都会受到藏于背后的价值观的影响，但是我们并未意识到它的存在，因为价值观在很多情况下是以潜意识方式存在的。除了价值观以外，还有人生观和世界观，许多情况下，它们或者它们的一部分是作为潜意识存在，并起作用的。

当然，一些专业人士还分出其他的部分，但对于我们来说，我们不需要分析那么复杂的理论现象，只需要了解显意识和潜意识的问题。

所以，我们可以说，在我们的意识中，“讲道理”的部分是显意识的，是理性的，是按照理性思维方式在思考问题的，而潜意识的部分则是非理性的。所以，我们的思维在面对一些理性“事件”的时候，起作用的就是人的显意识，比如我们在课堂上学习。这些理性的“事件”一般不会影响到我们的潜意识。

我们要承认的一点是，人们的潜意识主导了一切，而人们却不自知。所以，推销时，我们要从客户的潜意识层面下工夫。案例中，销售员被客户拒绝，是因为他没有找到客户拒绝的深层次原因。聪明的销售员都明白，这种情况下，客户称“不需要”，只是一个拒绝的借口而已。因为他的动作已经出卖了他，他不敢正视销售员，甚至故意躲避销售员的目光，那表示他的回答是“言不由衷”或另有打算。真正让客户拒绝的原因是价格问题：一年9800元对于客户来说太贵了。如果销售员能就这个问题重新与客户周旋，估计情况会有所不同。

而事实上，在我们现实的销售中，我们大部分销售人员都被训练得只知针对潜在客户的显意识进行销售，这其实是一种非常吃力而不讨好的方式。

因此，懂得分辨显意识、潜意识的语言对于销售人员来说刻不容缓，也是成功扫除销售阻碍的快捷通道，然而，大部分公司、销售团队、领导人与销售人员尚缺乏这一训练。

催眠并不是叫你睡觉

日常生活中，我们常会在电视剧或者电影中看到这样的情节：在一间房子内，心理治疗师通过语言对被治疗人进行催眠，助其进行放松，进而解开心结，从而使得心理疾病有所缓解甚至痊愈。为此，我们时常感叹：催眠实在是太神奇了。相信不少读者肯定感到好奇，到底什么是催眠呢？

关于催眠的定义有很多，但我们要明确的一点是，催眠并不是叫你睡觉，催眠是一种变动的心理状态，是情境的结果。心理学家们经过研究和总结发现，人一旦进入催眠状态后，会呈现出以下几种特征：

1. 专注于某种特定的体验甚至不受外界影响

人在被催眠以后，他的注意力会集中于某种特定的情境中，甚至处于闹市之中也能做到不受任何打扰。偶尔，他也可能意识到这些打扰的存在，但他丝毫不会理会。

现在，我们来回忆一下读书时代你可能经历的场景：你坐在教室里，原本你是在听课、做作业或者看书、复习等，此时，疲劳的你看了看窗外，也不知是由于什么原因，你突然想起了小时候和玩伴在一起嬉戏的场景。你沉浸其中，再次回味当时的乐趣，你的嘴角还偶尔泛起微笑，此时，你似乎已经完全忘记了自己原本在做什么。你的同桌向你借支笔，你随手拿给他以后就继续回到自己的世界中。一只苍蝇从你的眼前飞过、停在你的头上，你也浑然不知。你把这样的经历告诉你的朋友或者亲人，他们会对你说："你真是在做白日梦。"其实，这种"白日梦"，就是一种自然产生的催眠状态。

2. 顺其自然发生的一种状态，不是刻意为之

被催眠的人在催眠之前并不需要为了进入状态而作出任何准备工作或者努力，这是一种顺其自然的状态，一切就是这样发生了。我们听到一些读者常称自己总是难以进入催眠的状态，其实主要还是因为他们刻意地做了一些准备工作，希望努力进入催眠，结果可想而知，只能是适得其反。

3. 催眠不是一种概念，而是一种体验

处于催眠状态的人，通常都会沉浸在自己的世界。通常来说，我们要想了解到事物最本真的面目，就要将身上那些所有的逻辑分析、计算和理解去除掉。举个最简单的例子，现在摆在你面前的是一盘水果，你也不知道它是酸的、甜的还是苦的，要想知道结果，不能靠我们的想象，而要直接吃到嘴里尝一尝，这就是最直接的体验。所以，在催眠的过程中，被催眠者的思维和分析过程已不再重要，被催眠者也很少说话，少了很多的抽象性，更多的则是画面性的、形象上的，也就是这里我们所提及的体验上的。

4. 体验的空间和时间都十分灵活，不受限制

进入催眠状态的人，是可以完全脱离当下的，他们已经不再受时间和空间限制。举个例子，假如我们穿越了，我们可以穿越到过去，也可以穿越到未来。

实际时间一小时，在催眠时可以浓缩到一分钟；相反，实际时间一分钟，在催眠时也可以扩展到一小时。相信我们每个人经常坐公交车。这天早上，你和平时一样坐公交车去上班，车子行驶在宽阔的马路上，你望着窗外，迷迷糊糊中，你觉得自己进入了一种情境之中，你想到了很多往事，或开心的或不开心的，慢慢地，你沉浸其中，公交车依然在行驶着。不知不觉中，公交车停了，你抬头看看，天哪，已经坐过站了，原本一两个小时的车程似乎只过了一分钟而已。在这一催眠过程中，时间和空间上都不是与事实相符的。

5. 伴随一些感觉体验上的改变

在被催眠后，你会出现一些身体上的变化，比如身体温暖感、特殊声音的出现、好像灵魂出窍、旋转、隧道灯光等。

6. 催眠是有深浅度的

在一个完整的催眠过程中，其深度是有深有浅的，一般来说是从轻度到中度、再到深度，再转为轻度……而之所以有这样一些起伏的变化，有多方面的原因，要么是催眠师的引导，要么是被催眠者被环境所影响。

这里，我们要说明的是，不少读者误认为“催眠深度越深越有利于治疗”，事实上，催眠深度是由催眠治疗的要求决定的。

7. 会产生语言或者运动上的抑制

在催眠师的引导下，被催眠者会逐渐进入催眠状态，这一过程我们能从被催眠者的一些语言、行动上的特征进行辨别，被催眠者会逐渐减少肢体活动或者肢体活动逐渐变得节奏化，肌肉松弛、呼吸均匀且有规律等。

催眠师应注意这一点，因为这是被催眠者进入催眠状态的重要表现。

8. 时间扭曲

在催眠中，心理时间变得不再重要，自由而不受限，这让它具有许多治疗用途，如加速学习过程。

9. 容易从记忆里消失

被催眠者清醒之后，一般不太记得住自己在催眠中的经历，甚至有可能完全忘记。不过这都是暂时性的遗忘，在催眠中，这种遗忘是否出现并不绝对。

到此，我们大致总结出了十点关于催眠的特征，不过，我们要在此说明的是，不是所有人在被催眠时都会出现以上十种特征，每个人都会展现出自己的个性特征，比如有些人会出现注意力高度集中，有些人则会看到强光灯。所以，在分析具体的催眠案例时，我们要从个体出发，不可统一划定。

销售要达到的催眠状态

我们都知道，催眠术的应用十分广泛，不管是有意为之还是无心为之，催眠无时无刻不在发生着，如沉浸于动画世界的孩子、热恋中的男女、在海边嬉戏的人们等。到如今，催眠已经广泛运用于心理治疗、教育咨询、产品销售等各个方面，所以，我们每个人都是催眠师，只是我们一直未曾认识到。

现实生活中的一般情况下，大部分的催眠活动都不是在静卧或者静坐的时候进行的。以销售为例，如果你的客户行色匆匆，怎么有时间安静地坐下来、闭上眼睛接受你的引导呢？这一切，都需要在人际互动的过程中完成。

所以，如果你想真正将催眠术运用到销售中，那就有必要认真地学习本节的内容，从本节中，你可以学习到如何在与客户的沟通中引导对方进入催眠并且产生相应的心理或行为的变化。

一位助理奉上司之命，要和另一公司谈合作之事。这天，他敲开门，走进对方公司王总的办公室。王总当时正在处理另外一件事，就让他暂时坐在沙发上稍等一下。他静静地坐了下来，观察了一下王总的办公室：在王总的办公桌后是一个很大的书柜，隐约地，他看见书柜里好像摆放了很多书，然而最显眼的还是那张博士服的照片。实际上，他已经听说了，这个王总，和一般的博士不一样，他是通过自学考上大学，然后一步步走到今天的，这时，他心中的敬意油然而生。

当王总忙完以后，他对王总说："王总，您是博士毕业啊？您的事迹我听过一些，很让人敬佩，您是博士又掌管着这么大的一个公司，国内像您这样的董事长可不多啊！"王总一听，立刻哈哈大笑："哪里，哪里，过奖了……"于是，王总开始讲起了自己以前的辛酸故事。

不一会儿，他就带着王总进入商业正题，他今天来的目的就是将公司积压的那批货卖给王总的公司，这样，才能解决财政危机。但是，当他如实报出了上司定的价格后，王总的脸色马上就变了，这时，他看出了不对劲，于是，他又说："王总，照片上的字是您写的吧，真有气势，您对书法肯定也很有研究吧？"

王总一听，说道："过奖了……我以前……"

最后，这笔生意很快就谈成了，而这位助理也成了王总的知心朋友。王总经常主动找他一起打球、喝茶，畅谈人生理想。

这名助理是聪明机智的，整个过程中，他一直使用的就是催眠术。刚开始，他利用的就是通过满足对方的心理需求，肯定对方的能力和充满辛酸的历史，来拉近和对方之间的距离，进而催眠了对方；在冷场的时候，他再次强化了对方这一需求。如果一开始这位助理就直接将正题放在工作上，大谈对方和自己合作的好处，那估计他谈判的过程也不会如此顺利。

那么，在具体的销售沟通中，我们该如何催眠对方呢？

1. 弱化客户的抗拒意识

在引导过程中，客户经常会受到来自自我意识的干扰，在他们的自我内部，会产生两种对话的声音，或者他们自身会被频频的肌肉运动所干扰。此时，如果你想让客户接受你的推销，就必须弱化客户的抗拒意识，只有这样，你才能将销售继续下去，实现成功的第一步。比如，案例中的这位助理，首先避谈推销，让客户放松警惕，在获得客户认可的情况下，才巧妙过渡，成功实现推销。

2. 让客户自己作出改变

作为推销员，如果你希望销售工作变得有效和轻松，就需要记住一点，客户也是有智慧的，他有足够的能力可以自己作出改变，你应该起到的作用是引导；而如果你想全权负责客户的意识，那么，不管你的出发点多好，你都会以失败告终。

现代催眠术认为，催眠是情境的结果。在销售过程中，如果我们想要做成生意，就要在言语间营造一种情境，然后通过巧妙引导让对方进入催眠状态。

催眠式销售引导客户的一般程序

在前面的小节中，我们已经讨论过，任何一个优秀的销售员都是催眠师。当然，催眠式销售毕竟是一项体验性活动，包含很多不确定性，当你成功运用催眠方法说服客户后，可能你自己也会感到诧异："我是怎么做到的？"如果你希望自己掌握更高明的催眠式销售方法，你就需要对此进行系统性的学习，这样，你才能真正审视过去的销售方法，并从中吸取一些经验，进而更好地服务于销售。我们先来看看下面的销售故事：

销售员张小姐与一位要批量购买产品的客户已经进行过多次电话沟通了，但对方迟迟不肯成交。这天，张小姐又拨通了电话："郑经理，关于设备购买的事情，您考虑得怎么样了？"

"我暂时还没打算购买……不好意思。"对方冷冷地说道。

"我能理解您的想法，虽然我向您保证我们公司的产品性能属于业界一流，估计您也向同行打听过，不过在您没有亲眼见到我们公司的规模和生产状况前，存在这种担心和顾虑是人之常情。为公司采购需要认真、负责，不能出半点纰漏，不然会影响到公司的运营。”张小姐语重心长地说。

“是啊，真难得你能理解我的想法……”

“对于我们公司的设备，您大可以放心。您也派技术人员来试用过，我想知道，您还担心哪些方面的问题呢？”

客户说道：“其实我们急需一批这样的产品，对于你们公司本身的生产能力及产品质量我已经没有什么可顾虑的了，不过我担心的是你们能否在合同签订的 15 天之内就将产品全部发到指定地点。”

听到客户这样说，张小姐马上说：“原来您担心的是这个啊，您稍等，我马上为您传真一份资料。”

一分钟后，张小姐对客户说：“我给您传真的是我们公司专门针对紧急要货的客户制订的‘快速订货通道’，通过‘快速订货通道’，我们公司可以按照您的要求送货到指定地点，只要您能按照要求及时支付货款，到时候就可以凭单取货了……”

听到张小姐这样说，电话那头的客户松了一口气，认真思考了一会儿之后，他对张小姐说：“明天我会到贵公司签合同。”

案例中，张小姐深知客户是因为有戒心，对产品存在某方面的顾虑，才迟迟不肯签订合同。于是，她运用催眠式销售的方法，首先站在客户的角度，以几句真诚的话表达了对客户心情的理解，迅速拉近了与客户的心理距离，得到客户的信任之后，她再询问客户顾虑的原因就容易得多。面对真诚的销售员，这位客户也没有拐弯抹角，而是直接道出了自己所担心的问题，此时，精明的张小姐拿出了最有力的保证，从而彻底打消了客户的戒心，达成交易。

从这一销售案例中，我们能总结出催眠式销售的一般程序：

1. 发展契合关系

进行这一程序，要达到的目标是建立和谐、信任、接纳以及相互尊重的关系。

在此销售过程中，这一部分的工作是很重要且必须的，直接影响到我们在后面的引导工作是否能顺利进行。在销售开始阶段，如果省略了这一关系的建立而直接引导，那么，即便催眠技巧再娴熟，最终的结果也肯定会令人失望。

2. 吸引客户的注意力

这一过程要达到的目标是吸引客户的注意力。

当然，要想达到这一目标，方式方法有很多，只要我们注意尊重对方，就能达到目的对比，你可以充分发挥自己的想象力，寻找到你认为合适的方法。也就是说，此时，你怎样说引导对方的话并不是最主要的，重要的是你能够持续吸引对方的注意力。

3. 逐步弱化客户的意识

这一过程要达到的目标是：弱化客户的抵制和反抗意识。在我们对客户进行催眠式销售之初，客户是心存戒备且具有反抗意识的，在我们逐步引导客户心理的过程中，客户会逐步改变自己的反抗立场，接纳你的推销。

4. 完成交易

在这个过程中，我们需要强化催眠，加深客户的印象，使其完成购买活动。

从以上 4 个方面，我们对催眠式销售进行了分析，这样做，是为了便于学习和研究。当然，这几个过程并不是独立的，也没有明确的分界线，而是一个连续的过程，是你中有我，我中有你的。

催眠式销售的几种基本技巧

前面，我们已经分析过，如果销售人员懂得将催眠运用到销售中，那么成功说服客户购买将轻松得多。那么，具体来说，催眠式销售有哪些技巧呢?

1. 创造感觉法

这种方法是销售人员运用语言来为客户描述关于产品的图像、气味、声音、感觉等。这样，客户的注意力就能被我们吸引。

可能在我们的日常生活中，我们都有这样的体验：当我们在脑海中排练怎样与客户沟通或者听朋友叙述某件事时，我们似乎进入了一种催眠状态；而我们在销售工作中运用的，正是要帮助客户进入这样一种状态。因为从心理学的角度看，一旦人们的脑海中产生了某种画面，他们就会在潜意识里接受这种画面中的场景。

下面我们来看看乔·吉拉德是如何运用这种催眠方法来达成销售目的的：

乔·吉拉德特别善于推销产品的味道。与“请勿触摸”的做法不同，乔在和客户接触时总是想方设法地让客户先“闻一闻”新车的味道。他让客户坐进驾驶室，握住方向盘，自己触摸操作一番。

乔认为，人们都喜欢自己来尝试、接触、操作，人们都有好奇心。不论你推销的是什么，都要想方设法展示你的商品，而且要记住，让客户亲身参与，如果你能吸引住他们的感官，那么你就能掌握住他们的感情了。

如果客户住在附近，乔还会建议他把车开回家，让他在自己的太太、孩子和领导面前炫耀一番，这样，客户就会很快地被新车的“味道”陶醉了。根据乔本人的经验，凡是坐进驾驶室把车开上一段距离的客户，没有不买他的车的。即使当场不买，不久后也会来买。因为新车的“味道”已深深地烙印在他们的脑海中，使他们难以忘怀。

你也许很纳闷，为什么乔这么有把握？因为客户已经投入太多情感，他原先就打算在这家公司把交易谈定：车都选好了！在他的心里，甚至可能已经勾勒出了拥有这部车的美好场景。而如果他“不”签字，需要很大的勇气，而且一切得从头来过，孩子又会大哭大闹、妻子也可能抱怨等。

因此，从现在起，不要等到客户上门了才开始思考你的用词，平时就要一百遍一千遍地研究与练习你创造恍惚状态的语言技巧，或称为创造感觉的语言艺术。

2. 强化印象法

销售中，这一方法的运用有时是为了突出产品在某方面的优势。通常这一方法是被叠加到第一种方法——创造感觉法中一起运用的。

所谓强化印象法，就是我们要让客户知道，他们将会记住什么。

比如，你是一名销售员，在对客户的购买能力等情况进行一番了解后，不妨对客户进行心理暗示："夫人，你想想看，如果你能买下这所房子，那么，您的孩子每次回家花在路上的时间就能减少半个小时。每次当他吃晚饭时，还能听到对面音乐厅里最悠扬的钢琴声。这不失为一种美啊！"

再比如你可以说："周末的早晨，您带着您的孩子们，穿着我们公司的户外运动鞋，来到郊外，舒展已经劳累了一周的身体。郊外的山坡，有很多人一起爬山，当爬到山腰的时候，有些人的运动鞋居然出现了问题，这些人面临的将是难以前进的道路……而您，却带着您的孩子在挑战山顶的高度！"

聪明的你一定可以体会到，这个例子是把强化印象法与创造感觉法很自然地结合在一起，创造出一种强化的美妙感觉。

你可以用一些短句来达到强化印象的目的："你不可能忘记""这不可能忘掉""这么美妙的东西，相信你会记住""也许你会常常想起""这将会给你留下深刻的记忆"。你还可以用别人"会感到难以忘记"来强化你的建议，使之被记住，如"你的孩子会因此而总是感激你的""你的妻子会永远记得你在这重要的一生，送给她这么一份美妙的礼物"。你还可以讲个催眠性的故事，说几年前某一个人买了你的产品，而今他的爱人还记得这件事，这就叫作"增值推销法"。这种方法描绘了一种效果长久的、很感人的画面。

3. 回忆往事法

当人们进入到一种回忆状态时，会很容易进入到一种出神的状态，这时，他们的行为会因为情感的波动而被影响。成功的销售人员都擅长令人们回忆往事，并且能把自己的一些想法融入到回忆中。

我们来看一个例子。

推销员："还记得你第一次吃冰激凌时的情景吗？"

客户："当然啦！我记得那是7岁的时候，我爸爸带我去游乐园，给我买了个很大的冰激淋，我舍不得大口吃掉，慢慢品尝，开心极了。"

……

这种方式是把积极的形象与你的产品联结在一起的一个好方法。有时，我们也可以运用负面的形象来推动他人购买。

比如，你推销的是一种指纹锁，你可以用反面形象回忆来提醒他过去那种没有贼的放心的感觉：

"还记得以前么？你可以整天不关门，钥匙就放在门前垫子下，大热天开着门睡觉也没什么可怕的。"

当他回忆这段美好时刻的那份安全感时，你可以让他知道现在要怎么做才能重温那种感觉。也就是把你的产品与这份安全感联结起来。

需要强调的是，人们总是追求快乐、逃避痛苦的。为此，我们在运用催眠法劝服客户的时候，最好能将客户的快乐、方便与购买我们产品联系在一起；反之，把客户可能会遇到的某种痛苦、不便与没有使用我们产品联系在一起。

在本节中，我们分析的都是催眠式销售最基本的技巧，但任何方法和技巧都贵在练习，只有这样，你才能真正掌握，使其就像呼吸一样时时刻刻自然地支持着你，让你的销售更简单。

第2章

催眠式销售绝技之一：自信，自信是打开销售成功大门的密码

世界上最伟大的推销员乔·吉拉德曾说："不要自我设限，无论在什么情况下，摆脱它，要对自己说，我做得到……那么，你就有百分之九十九的可能做得到。" 这句话是在告诉所有的推销员自信以及催眠自我产生自信的重要性。那么，自信是什么？自信就是发自内心的自我肯定和相信，是一种积极的心态，是获取销售成功的最重要的精神力量。销售其实是一种创意式的苦力活，在销售中，如果连自己都没有信心，连自己都说服不了自己，又怎么能催眠和说服客户来购买你的产品呢？所以，自信心的建立是催眠式销售的重中之重，只有满怀信心地从事推销，才能坦然面对无数次的挫折、失败，才能展现你良好的销售姿态！

要有良好的自我期望

有人说，作为一名销售员，他有两大敌人：看得见的敌人——竞争对手，以及看不见的敌人——自己。销售人员在面对日复一日的拒绝时，如果没有顽强的斗志和必胜的信念，免不了会产生“太受打击了，我实在是坚持不下去了”这种逃避思想，这就是心中看不见的敌人之一。要想战胜这种看不见的敌人，就一定要有自信，要经常鼓励自己。

事实上，在催眠状态中，人能挖掘出潜意识的自我，能认识到自己的潜能，所以，如果你运用自我催眠，是能挖掘出自信心的。

心理学家指出，我们可以运用自我催眠的方法来改变那些已经存储着的重要信息，以此来改变我们的情绪，这一改变通常是正面的、积极的。当然，我们要说的催眠法并不是要人们去忘记什么，而是通过改变人们的潜意识来改变人们对事物的看法。不少人发现，其实我们完全可以改变自己对事物的情绪和看法，同样，我们也完全可以拥有积极乐观的心态。

因此，在销售的过程中，无论遇到什么，我们都要反复暗示自己，不要被低落的情绪控制。那些成功者之所以成功，就是因为他们做到了这点。

大学毕业之后的小凯和很多年轻人一样，进入了销售行业，但因为本身性格内向、不善言谈，小凯的业绩并不理想，常常被老板数落。长期的工作压力让他失眠、食不下咽，他的父母以为他得了什么病了，不断嘘寒问暖，可是小凯还是无法振作。母亲安慰他说：“小凯，你是不是担心工作的事啊？”小凯看了母亲一眼，没有说话。

看着小凯焦躁不安的样子，母亲非常着急，可是一点办法也没有，就给自己的朋友打电话寻求建议。小凯母亲的朋友推荐她带儿子去作催眠，这样也许能静下心来，平静地面对压力。

小凯对催眠并没有抵触心理，相反，催眠师认为他是一个很容易进入状态的人。后来催眠师打开了 DVD，放了一首舒缓的轻音乐，缓缓的音律让小凯的心慢慢地平静了下来。

随后，催眠师对小凯进行暗示："我知道，也许在你的潜意识里，你还认为自己很没用，但我想问问你的潜意识，在工作这一问题上，你做到精通专业知识了吗？平时销售前对客户了解多少？"小凯轻轻地摇了摇头。"既然如此，所有的担心都是因为你没有作自我改变，不是吗？"小凯深深地吸了一口气，好像不那么紧张了。

当小凯从催眠状态清醒过来后，催眠师又为他分析了他的心情，小凯才发现自己如果真的继续这样担心的话，才会真的影响工作，所以他的内心渐渐地安宁了很多。在从催眠师那里回来的路上，小凯感到很困倦了，回到家他就踏踏实实地睡了一觉。

第二天，小凯像换了一人似的，整个人都生气了。

故事中的销售员小凯在销售工作中给自己施加了巨大的心理压力，因而他焦躁不已，寝食难安。无奈之下，他的母亲带他去作了催眠，在催眠师的帮助下，小凯焦躁的心迅速地平静了下来。可见，催眠法能够平静心情，缓解压力，让你在关键时候保持平和。如果你感觉到痛苦和焦虑，如果你懂一点自我催眠的方法，那么当你对未来充满不安的心情时，催眠法能让你的心得到安慰。

从另外一个方面看，作为销售人员，你一定要有良好的期望，只有自信，才能催眠和征服客户。曾经有人问康拉得·希尔顿："何时得知自己将会成功？"希尔顿的回答是："当我还潦倒困顿到必须睡在公园的长板凳上时，我已经知道自己以后将会成功。"马云也曾说过："今天很残酷，明天更残酷，后天很美好，但大多数人死在昨天的晚上，看不到后天的太阳。”人生不就是这样吗？只要你坚持信念，相信自己会成功，无论今天遇到了什么困难，都能勇敢面对和克服，那么，明天你就会看到为你升起的太阳。

可见，信念是一种无坚不摧的力量，能催眠我们，当你坚信自己能成功时，你必能成功。许多人一事无成，就是因为他们低估了自己的能力，妄自菲薄，以至于缩小了自己的成就。信心能使人产生勇气，成功的契机，是建立自己的信心和勇气，以信心克服所有的障碍。

有些销售人员，尤其是刚从事销售行业的销售员，会对销售工作产生一些恐惧，甚至发出这些疑问：客户怎么可能会购买呢？要是客户拒绝怎么办？卖不出产品就没有业绩，这可怎么办呢？越是对这些问题感到忧虑，在销售过程中就越是容易出现问题。而同时，销售员这种消极情绪也会影响到客户的情绪，客户会认为这种消极心态的产生是由产品造成的。

为此，销售人员应该积极培养自己的乐观心态，当你的心态变得积极时，客户自然会受到你的影响。

然而，自信的产生是自我意识的选择。一个人可以选择带来成功的自信，也可以选择束缚自己的自卑，这一切全由人自己来决定。如果你想选择自信，就应该先明确自己身上有哪些优点，并一条一条记在心里，不断地告诉自己：“我身上拥有无限的能力和无限的可能性。”当你明确了自己的强项，选择和发挥自己最擅长的能力，也就是自己的优势潜能时，自然就产生了自信。

用你的自信催眠客户

什么是自信？自信是这样一种心态：相信自己的能力、选择和最终的结果。

在销售行业，每个销售员要想做出一番成就，就必须要有高于常人的自信。因为，客户一旦发现你信心不足，自然对你所推销的商品就会产生怀疑；你不可能每一次销售都会成功，你的失败概率可能很高；不可能所有的老板都赏识你，都给你机会；不可能所有的客户都会欣然接受你的销售……所以，面对无数次的挫折、失败，你必须要有足够的自信心。

如果你自己都没有信心，连自己都说服不了自己，又怎么能运用催眠法说服、感染客户来购买你的产品呢?

有一家规模很大的机械制造厂，效益很好，准备扩大销售计划。但奇怪的是，所有的新雇员的试用期是否合格，取决于总经理是否认可，获得了认可；就等于拿到了“销售员的毕业证书”。

有一个刚从学校毕业的年轻人，不成熟而且缺乏信心，这位销售员在经过前两个阶段的实习后，对自己能否胜任工作一点儿也没有把握，他正担心经理不发给他“毕业证书”呢。

可是，出乎他意料的是，那位经理在对他讲了很多“我相信你能行”之类鼓励他的话，接着，经理就开始给他分配任务了。经理告诉他，希望他可以到对面的一个绝对有钱的老头那儿去推销，因为表面上看他是一个老头，但实际上，他是三个大型工厂的董事长。经理告诉他：“喂，你听着，那个老头是我的一个朋友的父亲，也是我忠实的客户；可是，我要告诉你的是，他是一个脾气很坏的老头，而且是个厚脸皮、令人讨厌、爱吵嘴而且满口粗话的人。你如果去见他，他肯定会对你大吼大叫，仿佛要把你吃掉似的。不过，你放心，他只是叫嚷一阵而已，实际上他是不会吃掉你的。所以，无论他说什么，你都不要介意。我希望你默不作声地听着，然后说：‘是的，先生，我明白了。我带来了本市最好的机械制造的商谈说明，我想这个说明对你来说，也一定是想要得到的东西。’总而言之，他说什么都没关系，你要坚持你的立场，然后讲你要说的话。可不要忘记啊，他最后总会向我们的销售员订货的。去吧，年轻人。”

这位年轻人是铆足了劲儿去推销的，可是，当他说明来意，报上了自己和公司的名字后，老头暴跳如雷，根本不跟他商谈这件事，反而一会儿问他喜欢吃什么，一会儿问他多大了，尽是这些无聊的话题。年轻人实在是有点听不下去了，可他想起了经理的话，这老头最终会买他的产品的，于是，他继续耐心地等着，终于，老头唠叨完了，纵然他没有讲上一句话。最后，他说："是的，先生，我明白了。那么，这是本市最好的机械制造的商谈说明，这样的商谈说明，当然是您想要得到的东西。"这样的进攻和防御大约持续了半个小时。半小时后，那个年轻的销售员终于得到了老头手下的三个大型企业的机械购买订单。

他的第一笔业务终于成功了。当他拿着订单，兴高采烈地回去交给总经理时，没想到总经理却对他说："你是我们这里最出色的销售员。你知道吗，你攻下了我们这里十五年来最难攻的堡垒。那个老头，在我们遇到的对手中，是最吝啬、最讨厌、最好吵架，而且是最爱说粗话的老头！我们这 15 年来，派去最有经验的的销售员，总想让他买点儿什么东西，可是那个老头连一元钱的东西也没有买，总之，他从来没从我们这买过任何一件东西。"年轻人听完，诧异得很。

这位所谓的"新手"为什么能成功呢？毫无疑问，是老板的话使他充满了信心。而正是因为满怀信心，所以他在整个销售过程中都耐心地倾听客户说话，这种催眠方法使他俘获了客户的心，进而成功将产品推销出去。

的确，如果销售人员对自己没有信心，那么就不会有人对你有信心。当然，自信不是自傲。自信是人与人之间积极交流与沟通的重要因素，没有人愿意与一个畏首畏尾的人交谈。谈判桌上，销售人员想成功地说服对方，不仅需要有精妙的言辞，还需要具有自内而外的自信。如果一个人在谈判的时候怯场，就很可能会思维混乱，言不达意，甚至漏洞百出。这样的一个人只会让对方轻视，不愿意与之作过多的交谈。

自信是积极沟通的首要因素，如果销售人员在讲话之前先怯场，对自己说的都没有把握，那么别人又怎么会相信你呢？只有自信的销售人员，才能克服谈判中的恐惧与焦虑。

那么除了需要自信的心理外，销售人员还需要从哪些方面展现自信催眠客户呢？

1. 外表上

生活中，人们常说，“佛靠金装，人靠衣装”，此话不假，一个人是否自信，从他的外表上也能看出一二。一个衣着整齐、干净利落的销售员能给客户留下一个好印象，从而赢得客户的好感和信任，最终令客户愿意接受销售员的推销。

2. 语言上

销售是靠口才吃饭的行业，一个优秀的销售员，首先是一个口才好的人。要做到在言语上自信，销售员首先需要做到以下三点：

（1）把握音量。销售员要声音洪亮，但同时声音不可过大，说话时要不卑不亢，展现自信。

（2）吐字清晰、层次分明、抑扬顿挫，这样，才能抓住听众的耳朵，让听众跟着你的思维和节奏走。

（3）要注意停顿。一句话不能说得太长，也不能说得太短。适当的停顿，不仅可以调整自己的思维，而且可以引起对方的注意。在停顿的间隙，你可以观察对方的反应。

可见，销售员在说话的时候，要简洁、明快、顺畅自然、不温不火，处处表现自己的自信和大方，以此催眠客户，然后恰到好处地把自己的观点表达给对方，这样才能激起对方的兴趣。

总之，销售员要记住，全力以赴地去做销售，就一定能达到目标。要有无论如何也要完成任务的勇气和毅力，唯有如此，你才会想尽一切办法与客户接触，用口才说服客户购买你的商品。

在你的潜意识中注入正能量

前面，我们已经分析过，在销售中，销售人员的心态是催眠式销售的关键。它会影响你说话的语气、姿势和面部表情，修饰你说的每一句话，并且决定你的情绪感受；它还会对你的思想产生影响，进而通过种思想和情绪来催眠客户。所以，作为一名合格的销售员，你一定要通过多种方式培养自身积极进取的心态。因此，作为销售人员，在推销之前，你需要向你的潜意识里注入正能量，这样才能以正确和积极的心态面对销售中可能出现的种种情况。

然而，这需要我们从潜意识中进行调节和选择，任何负面的想法都是一种表面现象，它是潜意识思考背后的结果。所以，要清除这些负面思想，也要从潜意识入手。而潜意识是受制于我们的思想的，所以，只要我们选择积极和正能量，我们就会变得正面和积极。

一名销售员想向一家外企推销一批新的测量仪，他想方设法，终于找到采购部的经理——王总，他请秘书把自己的名片递进去。毕竟采购部掌握着整个企业的粮仓，这位王总架子不小，秘书恭敬地把名片交给经理，一如预期，王总不耐烦地把名片丢回去："又来了！"秘书很无奈地把名片退给站在门外的销售员，然而销售员不以为然地再次把名片递给了秘书。

"没关系，我下次再来拜访，所以还是请王总留下名片。"

拗不过销售员，秘书硬着头皮再次走进办公室。经理生气了，将名片撕成两半，丢给秘书。

秘书不知所措地愣在当场，经理更气，从口袋里拿出 10 块钱，"10 块钱买他一张名片，这总够了吧。"

岂料当秘书递还给销售员名片后，销售员很开心地高声说："请您跟你们王总说，10 块钱可以买我两张名片，我还欠他一张。"随即再掏出一张名片交给秘书。

突然，办公室传来一阵笑声，经理走了出来，“这样的销售员，我不得不见一见啊。”

即使被打击和拒绝了很多次，这名销售员依然越挫越勇，并用幽默打动了客户，我们不能不被他积极的心态所折服。即使这位经理这次没有适合的项目与这位销售员合作，但如果下次有合适的项目，也肯定会想到这位销售员。这就证明了，只要我们在客户面前积极一点，即使被拒绝了，依然有可能扭转局势，销售成功。

无论客户如何拒绝你，销售人员都要选择积极的意识，与客户保持友好的关系。让客户看到你的好形象、高素质。这不仅对客户改变先前的看法有一定的帮助，也有利于销售员维护自我形象。

那么，在销售中，销售员应该怎样催眠客户、展现自己的积极心态呢？

1. 表达时积极正面

同样一句话，如果选用积极正面的表达方式，客户听起来就会舒服很多。

例如：“不好意思，打扰你这么久了。”

这是沟通中结束时的话语，也是一句最简单不过的礼貌用语。听到你这样说，客户想必会回答：“没关系。”

但是，反过来，假如我们这样说：“非常感谢借用您宝贵的时间。”面对这句话，客户的回答通常会是：“哪里，并不是很久。”

在以上两种销售表述中，很明显，第二种说法更好，这种说法能让销售员处于主动地位，也能让客户感觉销售员自然大方。

2. 注意语言的表述

“您是行政部的负责人吗？”

“行政部是您负责吗？”

乍一看，这是同样的话，只是不同的表述，可实际上，这两句话差别很大，给人的感觉也不一样：第二句明显比第一句话让人舒服很多，对方会觉得，“我还是很有风范的呢，别人一看就知道我是部门领导呢。”这是一种无形的赞美，当对方听到这句话时，自然会很高兴，接下来的销售工作也就顺利得多。

3. 要注意否定措辞的表达

销售中，客户拒绝销售员是常有的事，但也有销售员拒绝客户的时候。很常见的一种情况是，客户要求下单订货，但是仓库缺货，此时，销售员如何应对呢？我们看以下两种回答方法：

“真不好意思，我们没货了。”

“由于需求过旺，我们暂时有点供不应求。”

很明显，从这两种回答中，我们可以看出第二种比第一种好得多。第一种语气生硬，而第二种，则说出了货物短缺的原因是由于需求大，这暗示客户：产品销路好，质量肯定过硬，不妨等等！

做到以上这些并不容易，这需要销售员自己在售前就催眠自己，以此调整好心态：

1. 做好准备工作，减轻心理负担

有些销售员在销售过程中，表现消极，无法轻松地与客户交流，这主要是因为销售员的准备工作做得不够充分，害怕应付不过来。因此，若销售员能在销售活动进行前作足准备，是能从一定程度上减轻心理负担的。

2. 多作心理暗示，鼓励自己

事实上，心理状态良好与否，主要还在销售员自己。在销售过程中，销售员不要让自己的心情被客户的表现所左右。无论客户的情绪怎样，你都要始终保持良好的销售礼仪和销售态度，在内心多作自我鼓励，相信自己能做好，这种良好的心理素质，会在无形中为产品加分。

3. 未雨绸缪，分析客户

销售员最怕遇到的是阴晴不定的客户，这会儿聊得很好，一会儿又暴跳如雷，根本不给销售员说话的机会；也有一些客户，无论销售员说什么，都不买销售员的账。实际上，这都是因为销售员没做好沟通前的前期工作。人与人是有差异的，在性格、爱好、购买习惯等方面都会体现出不同，销售员只有在销售活动进行前做好客户的分析工作，然后列出一些具体的销售催眠策略，才能做到无论客户怎样变脸自己也能轻松应对，而不至于手忙脚乱。

4. 越挫越勇，重燃自己的工作热情

销售工作最考验的是人的耐性，因为每个销售员都要面对客户的打击和销售业绩的考核，时间一长，很多销售员都会失去当初的热情。正因为如此，有一些销售员选择了放弃。也有一些销售员，服务态度差，对客户失去耐性，因此即使产品再好，也无人问津；而那些能坚持、对客户不失热忱和诚意的销售员，便走出了自己的销售瓶颈，深得客户的赞赏。所以，作为销售员，我们要尽量避免消极态度的产生，保持高度的工作热情，这是成功作好催眠式销售的前提。

时常催眠自己：我是最伟大的销售员

美国某著名大学曾作过一项调查，一个人胜任一件事，有 85% 取决于他的态度，15% 取决于他的智力。如果他自信，事情肯定会办好。我们都知道，自信是对自己的高度肯定，是成功的基石，是一种发自内心的强烈信念。我们需要自信，无论在生活中还是工作中，一个自信的人，常看到事情的光明面。

同样，对于销售人员来说，更要培养自己的自信心，自信的人到哪里都光彩夺目，为此，你要时常催眠自己：我是最伟大的销售员。只要拥有这样的信念，无论何时，你都能有优秀的表现，都能挖掘出你意识不到的潜力。

我们来看看乔·吉拉德的销售经历：

乔·吉拉德1929年出生于美国一个贫民窟，他从懂事时起就开始擦皮鞋、做报童，后来又做过洗碗工、送货员、电炉装配工和住宅建筑承包商等。35岁以前，他只能算个全盘的失败者，而且他患有严重的口吃，换过40个工作仍然一事无成，以致负债累累，朋友也都弃他而去。

"我遭遇过一次人生的低谷——我的事业在一夜之间垮了，我又变得一无所有，负债达6万美元之多，法院传了一份令状，要没收我的家当，银行要拿走我的车子。更糟的是，家里连一点吃的都没有，两个年幼的孩子——小乔和格雷丝整日饿得嗷嗷叫。这样的情景仿佛是一场噩梦。"吉拉德曾经这样叙述自己的遭遇，但他也说："没关系，笑到最后才算笑得最好。"他望着一座高山说：我一定会卷土重来。他紧盯的是山巅，旁边这么多的小山包，他一眼都不会看。3年以后，他成了全世界最伟大的销售员，"因为我相信我能做到。"

"信心产生信心，我再次确认了这句话对我产生的力量。一年内，我的汽车销售业绩达到了1425辆，我终于从失败转而成为世界上最伟大的汽车推销员。"

乔就是这样一个传奇式的人物，他从一个身负重债、走投无路的人，竟然在短短的三年间成为一个世界顶级销售员，而且，他至今还保持着销售昂贵商品的空前纪录——平均每天卖6辆汽车；最多一天销售18辆车；一个月最多销售174辆车；一年最多销售1425辆车；在15年的销售生涯中总共销售了13001辆车。

是什么让乔·吉拉德走向了销售的顶尖位置？是自信！推销需要自信！销售人员要想成功敲开客户的心门，并且要能够说服他们，赢得他们的信任和欣赏，就必须坚信自己的能力，然后从容不迫地与他们侃侃而谈。如果销售人员缺乏自信，害怕与客户打交道，那么最终只能一事无成。

世界酒店大王希尔顿，用少量资本创业起家，有人问他成功的秘诀，他说："信心。"

美国前总统里根在接受《成功》杂志采访时说："创业者若抱有无比的自信心，就可以缔造一个美好的未来。"

然而，现实推销中，很多销售人员都做不到这一点，一旦客户提出"不需要"或者"价格太贵"等问题时，他们便断言：要做成这笔买卖是不可能的。实际上，世界上没有什么不可能的事。在那些成功的销售员的字典里面，根本没有"不可能"三个字。只要你有信心坚持下去，就有成功的可能。

这里，我们来探寻一下乔·吉拉德是怎样获得自信的：

每次，当有人来到店里，然后路过乔的办公室时，他的内心都会出现这样一个强烈的声音："进来吧！我一定会让你买我的车。因为每一分一秒的时间都是我的花费，我不会让你走的。"

"只要你认为自己做得到，你就能做得到，每天你都要这样鼓励自己。"

乔·吉拉德说过，"我的字典里，绝对没有'不'，你也不应该有。'不'，就是'也许'；'也许'，就是肯定。我不会把时间白白送给别人的。所以，要相信自己，一定会卖出去，一定能做到。"

"你所想的就是你所要的，你一定会成就你所想，这些都是非常重要的自我肯定。Impossible（不可能），就是 I am possible（可能）了。要勇于尝试，之后你就会发现你所能够做到的连自己都惊异。"

可见，积极有力的语言暗示是一种催眠自己、建立自信的有效方式。因为，在销售过程中，真正的自信不能仅仅停留在内心，而应该大胆地运用语言表达出来。使用最有力的词，不仅能指引自己朝着销售成功的方向努力，还能让客户看到你积极的精神面貌，从而对产品产生信任，对你产生好感，进而愿意与你合作。

所以，正在为不堪的销售业绩苦恼的销售员们，不妨先从自身找找原因，如果你不够自信，那么，你要立即行动，将害怕、恐惧从你的内心彻底清除。立即行动就是要你从今天开始做起，毕竟，昨天已经过去，而明天还未到来，你要关注的就是当下，就是眼前！当你建立自己的信心时，不能老想着“以后再做”，因为根本没有明天这回事。今天决定你明天会成为一个什么样的你。

下面这些积极、有力的语言能帮助你催眠自己、消除恐惧，增加自信和勇气：

（1）告诉自己“我能行”：把这句话写在你卧室的镜子上，每天大声喊上几遍，让它浸入你的心灵。

（2）大声告诉别人：“我是一个优秀的销售员。”切忌在客户面前低三下四，有失尊严。推销员最大的忌讳就是在客户面前过于谦卑，还未进入谈判就先矮人三分，抱有这种心态只能一事无成。

（3）和乔一样，自信、果断地告诉你的客户：“进来吧！我一定会让你买我的产品。因为每一分一秒的时间都是我的花费，我不会让你走的。”用你的情绪感染客户。

总之，你要坚定地相信自己，绝不容许任何东西动摇自己有朝一日必定会在销售事业上取得成功的信念，这是所有取得伟大成就的人士的基本品质，也是成为一名伟大推销员所必备的特质。

敢说才能卖，开不了口就别做销售员

销售员都知道，销售是靠口才吃饭的，开口说是说服客户、取得销售业绩的前提条件。但现实销售中，有一些销售新手和缺乏信心的销售员，在销售中总是消极被动，不敢开口，而最终结果要么是成绩不佳，要么是放弃销售工作。所以，在销售界，人们常说，敢说才能卖，如果开不了口，销售将无从谈起。因此，我们要把自信心的建立当作催眠式销售的首要工作来做。我们先来看看下面的销售案例。

老李从 20 岁就开始从事礼品销售的工作，到现在已经有 20 年了。20 年的时间让他从一个对销售一无所知、遇到客户都怯生生的新手成长为一个顶尖的销售员。他清楚地记得自己第一个月的销售业绩是零，但是现在他每个月的销售业绩可以达到几十万元，他现在已经是公司的业务经理了。每次老李在培训公司的销售员时，总会说这样一番话：

“大家都知道，我曾经对销售一无所知，第一个月的业绩为零，我害怕和客户说话，我害怕客户会不购买我的产品，越是害怕，我越是不敢说话，一开口就会语无伦次。但后来，我告诉自己，我一定要成为最顶尖的销售员，我会成功的，所以后来，不管遇到什么客户，我都要尝试着与其沟通。

“那是第一次，我将产品推销出去。那天，我主动与一位女顾客说话，为了引起她的注意力，我顺手举起剃须刀说：‘你要剃须刀吗？’她用奇异的眼光看了一下说：‘啊？剃须刀？你有没有搞错啊！我又没有长胡子，要剃须刀干吗啊！’我微笑着看了她一眼，然后将手上的剃须刀轻轻地放在她的桌面上，然后又轻轻地动一下桌面上的剃须刀，接着深情地对她说：‘剃须刀是男人三大宝之首，每个成年男士都要剃胡子的。六月十九日，父亲节就快到了，你想象一下，六月十九日那天，当你爸爸接收到这份礼物时，那开心的样子，你喜不喜欢？’‘是啊，我怎么没想到呢？’结果，这位女士很爽快地买下了我的剃须刀。自从这件事之后，我自信多了，我感受到了主动开口为自己带来的益处。在这里，我也想告诉大家，做销售一定要敢说，如果你不愿意开口，你就不要做销售。”

老李说得很对，要想成为顶尖的销售员，大方、勇敢、主动地说是第一步，越是恐惧，越是害怕，越是会出现以下几种状况：当你面对客户准备介绍产品时，勇气就不翼而飞，大脑一片空白，畏畏缩缩无法开口，即使开了口，你也是手心冒汗、声音发颤、语无伦次；或者当你拿起电话打给陌生客户时，不知道该说什么，即便说了也语无伦次、磕磕绊绊；陌生拜访时不敢敲客户的门，敲开了也神色紧张，不知所云……这些都是心理上的恐惧导致的。那么，如何消除这些恐惧呢？这需要我们从催眠的角度入手，具体来说，我们可以这样做：

1. 做足准备，减轻心理负担

做足准备是减轻恐惧感的最好方法。你可以从以下四个方面考虑：见面第一句话跟客户说什么、客户会有什么疑问、你该如何回答这些疑问、如果客户拒绝你该怎么办。

2. 多做心理暗示，鼓励自己

事实上，销售员心态的好坏，还需要自己把握，作为销售员，千万不要让自己的情绪被客户所左右，无论客户怎样，都要保持良好的销售态度和礼仪，并且，要在内心鼓励自己，要相信自己能获得客户的信任和喜欢，能让客户接受你的产品。

3. 锻炼在众人面前说话的能力

一般来说，人们只有在面对很多人的时候，才会表现得紧张、不安和恐惧，正因为如此，销售员不妨从这一点入手，在很多人面前练习说话，以此来增加自己与客户交流的勇气。

4. 给自己难度，挑战自己

推销看似不可能销售出去的产品也是让销售员克服恐惧的一种方法，比如，销售员可以选择一个时间，规定自己要向男士推销女士内衣，这看似不可能成功，但一旦成功了，销售员内心就会受到极大的鼓舞：推销看似不可能销售出去的产品时我都有勇气进行下去，那么在面对准客户时，还有什么不行的呢？

因此，销售员如果想完成推销工作，提高销售业绩，就必须摆正心态，克服恐惧心理，争取做到心无杂念，让自己彻底放松，时常催眠自己，然后信心百倍地与客户沟通。

第3章

催眠式销售绝技之二：倾听，倾听术让客户在潜移默化中信任你

我们都知道，催眠式销售的过程中，我们需要对客户进行言语引导，这就要求我们的销售人员要有好的口才。然而，那些总是滔滔不绝的销售人员的业绩似乎并不是太好，这是因为他们忽视了一点：客户也有诉说的愿望。事实上，“喜欢说，不喜欢听”是人的弱点之一，喜欢被认同是人的弱点之二，如果你在对客户进行催眠引导的过程中，能够掌握人性的这两个弱点，记住“倾听先行”的原则，让客户在畅所欲言的同时获得一种认同感，你一定会事半功倍。

倾听是销售中一种绝妙的催眠方式

诚然，作为销售员，我们不得不承认，任何一位销售员，要想推销成功，都必须具备良好的口才，但口才并不意味口若悬河、夸夸其谈。有专业人士称："很多销售员认为要让别人同意自己的观点，就必须滔滔不绝，以此压倒对方。事实上，这是一种很不明智的愚蠢举动。"实际上，每个人都有倾诉的权利，当一个人有很多话要说的时候，他不会真心听你讲话。而你说得越多，对方就会越讨厌你。可见，好口才意味着在正确的时候说正确的话，如果你不具备这种能力，不如安静地听对方说。因此，从催眠式销售的角度看，倾听是一种绝妙的催眠方式。

推销大师乔·吉拉德说过："世界上有两种力量非常伟大，其一是倾听，其二是微笑。你倾听对方越久，对方就越愿意接近你。据我观察，有些销售员喋喋不休，因此，他们的业绩总是平平。上帝为什么给了我们两只耳朵一张嘴呢？我想，就是要让我们多听少说吧！"

为什么乔会得出这一结论呢？因为他从自己的客户那里学到了这个道理，而且是从教训中得来的。

有一天，乔·吉拉德接待了一位客户，这位客户对乔所推销的汽车很满意。因此，乔对这位客户会购买车有十足的把握，就差最后的签单了。但此时的乔似乎有点掉以轻心了。

他们一路走向办公室，客户满面春色地说起他儿子来。

"乔，我儿子要当大夫了。"

“那好哇！”乔·吉拉德说。走进办公室时，大厅里几位销售员在说说笑笑。客户还在讲，乔·吉拉德则留心着外边。

“嗨，我儿子棒不棒？”他还说个不停。

“成绩很好，是吗？”乔·吉拉德问，眼睛仍盯着大厅里的那帮人。

“班上前几名呢！”他答道。

“他中学毕业后想干什么？”

“我刚跟你说过了，乔，他念书要当大夫。”

乔·吉拉德说：“太好了。”他看了客户一眼，忽然意识到刚才一直没注意听，客户的眼神有点异样的神情。

客户突然说：“啊，乔，我得走了。”说完便离开了。

第二天下午，乔·吉拉德打电话到客户办公室，说：“请您回来买车。”

“噢，大人物先生，”客户接着说，“世界头号销售员先生，我要告诉你，我已经从别人那儿买了车。人家能体会我的心情，听我夸我儿子。乔，你没听我说。告诉你吧，大人物先生，有人跟你讲他喜欢什么不喜欢什么的时候，你应该听他们说，全神贯注地听！”

乔·吉拉德猛然醒悟到自己做错了事，赶忙说：“先生，如果因为这个，您不买我的车，这确实是个很好的理由。不过，我现在想告诉您我是怎么想的。”

“什么想法？”

“我觉得您很不了起。您认为我无能，我很难受。但能不能请您帮一个忙？”

“帮什么，乔？”

“希望有一天您能再来，让我有机会证明我是个好听众，我愿意为您效劳。当然，如果您再也不来了，我也不会有任何怨言。”

三年后，那位客户又来了，乔·吉拉德卖给他一辆车。他不只自己买，还介绍了好几十位同事来乔·吉拉德这儿。再后来，那个客户又从乔·吉拉德这儿买一辆车，送给他儿子吉姆大夫。

这里，乔·吉拉德后来能成功推销的原因就在于他运用了倾听这一催眠方法，因为倾听客户的讲述，他和客户成为了朋友。

生活中，人们往往缺乏花半天时间去听销售员滔滔不绝地介绍商品的耐心。相反，客户却愿意花时间同那些关心其需要、问题、想法和感受的人在一起。乔·吉拉德对倾听作了简单的总结，他认为，当我们不再喋喋不休，而是听听别人想说什么时，至少可以从中得到三个好处：体现了你对对方的尊重；获得了更多成交的机会；更有利于找出客户的困难点。

倾听，是催眠式销售的好方法之一。日本销售大师原一平说："对销售而言，善听比善辩更重要。"销售员通过听能够获得客户更多的认同。

那么具体来说，销售员应该如何倾听呢？

1. 集中注意力，专心倾听

在倾听客户谈话时，不要东张西望，也不要拖着疲惫的身体，而要打起精神，这是有效倾听的关键，也是实现良好沟通的基础。要做到这些，需要在倾听前就作好心理、身体上的准备。

2. 不随意打断客户谈话

没有人喜欢自己的谈话被人随便打断，一旦客户的积极性被你"消灭"，再与客户沟通就难了，所以，你最好不要随意插话或接话，更不要不顾客户喜好更换话题。

3. 从人们一般比较关心的话题入手

要探寻出客户关心的话题，我们可以根据具体的谈话环境，仔细观察并积极倾听，然后进行分析得出，继而引入共同话题。比如，销售人员可以从客户的事业、家庭以及兴趣爱好等谈起，以此活跃沟通气氛，增加客户对你的好感。

通常情况下，人们一般都对以下问题比较感兴趣：

（1）客户曾经获得过的荣誉、公司的业绩等；

（2）客户的兴趣爱好，如某项体育运动、某种娱乐休闲方式等；

（3）关于客户的家庭成员的情况，比如，孩子几岁了，学习状况，老人的身体状况等；

（4）某些焦点问题或者时势，比如房价、车价、油价等；

（5）客户内心深处比较怀念或者难忘的事情，和客户一起怀旧；

（6）谈论客户的身体，如提醒客户注意自己和家人身体的保养等。

当然，除了倾听与询问等方式外，在与客户进行销售沟通之前，销售人员十分有必要花费一定的时间和精力对客户的特殊喜好和品位等进行研究，这样才能在沟通过程中有的放矢。

由此可见，成功的催眠式销售是有章可循、有法可依的。只要你在销售过程中巧妙运用沟通技巧，不断探索总结自身的销售心得，就能在销售交谊舞中游刃有余！

适时地回应，别让客户唱“独角戏”

我们都知道，沟通是互相的，销售过程中的沟通也是如此。因此，虽然我们强调催眠法在销售中的重要性，也就是注重引导的作用，但这并不代表我们是销售的主角；相反，我们要鼓励客户参与到销售中来，尤其是在倾听客户谈话的过程中，我们不但要认真倾听，还要懂得回应客户。在你来我往的沟通中，不但能打动客户，更有助于找到客户的需求。

刘雪在一家大型图书卖场工作，两年来，他为很多图书爱好者推荐了心仪的书籍，可以说是一位非常出色的销售员。

有一天，卖场来了一位 30 岁左右的男人，他的脚步停留在一堆心理学书籍旁。这时候刘雪走了过去，打招呼说：“你好，先生，您是要购买关于心理学的书啊？”

客户回答说：“我随便看看。”刘雪知道客户不愿意跟自己说话，于是，他站在一旁，并没有多说什么。这位先生又在心理学书籍书架旁翻阅了很久，不知道究竟买哪一本好，显得左右为难的样子。此时，刘雪觉得时机已经成熟，于是，他再次走过去，对那位先生说：“先生，请问你想购买什么样的书呢？”

客户：“我想买一些心理学的书看看，但是我不知道该买哪一本好。”

刘雪：“是啊，现在的心理学书太多了，不知道您购买心理学书籍是出于爱好，还是其他原因呢？”

客户：“其实，我购买心理学书籍有很多因素，我本身就比较喜欢这类的书，以前读书的时候错过了很多好书，现在想再买点这方面的书看；另外，我现在的工作也需要掌握一些心理学基础知识。但我对心理学知识是一窍不通。”

刘雪：“要是这样的话，我建议你买一些心理学基础知识，先了解一下，这本《心理学基础》就很不错。等你了解了基础的再考虑选择深层次的，因为心理学非常难，选择一本太难的，根本看不懂，还会给自己造成心理阴影。”

最终，客户选了一本《心理学基础》，高兴地离开了。

我们发现，案例中的图书销售员刘雪是个善于运用催眠式销售找出客户真实需求的人。在客户刚刚光临的时候，他热情的帮助被客户拒绝后，他并没有继续“纠缠”客户，而是等客户真正需要帮助的时候再“出现”。在得到客户肯定的回答后，他开始一边倾听，一边引导客户继续说，进而逐渐让客户主动说出自己想购买的书籍类型，从而很好地帮助客户作了决定，完成了销售。

的确，一个精明的销售员在运用催眠式销售的过程中，能够很好地把握好听与说的度，在倾听的过程中，给予客户适时地的回应，在引导客户说的过程中挖掘出客户的真实需求，从而成功地完成销售。

那么，具体来说，我们该如何在倾听中回应客户呢？

1. 注意客户的反馈

客户的反馈指的是客户作出的、可以识别的反应，比如，客户做出的某些动作，摇一下头、皱一下眉或是想要说些什么，这些对营销人员来说，都是购买者发出的信号。

通过自己敏锐的观察和感觉，你可以调整自己的说话速度或者话题。如果营销人员没能注意到这些信号，或是未作出反应，就意味着这是一次错误的或者不完全的沟通。

2. 善于激发客户的谈话兴趣

首先，这需要我们做到全身心地投入到倾听客户讲话的过程中，比如，我们应该身体稍稍倾斜，认真倾听，以此来展示倾听的兴趣，不要轻易打断客户；另外，倾听的时候，要配合轻松、自然的表情，通过点头示意或者鼓励性的微笑，并不时地以“哦”“我知道了”“没错”或者其他话语让客户知道你对他谈话内容的赞许，鼓励客户继续说下去。当然，对客户倾听的回应应放在客户说完以后，因为客户一旦在诉说的过程中被打断，一些反映顾客需求、动机、感情的事实和线索就可能被遗漏，而这些恰恰是能否成功销售的关键。

3. 以提问的方式回应客户

变换使用开放式提问：让客户可以自由地用自己的语言来回答和解释的提问形式，简单的“是”或者“不是”就回答了大多数的封闭式提问，是一种很好的获取买方反馈的办法。

4. 澄清客户的谈话

在倾听完客户的谈话后，我们要加以反馈，向对方阐明你是如何理解他的意图的。你可以使用这些话语：“我刚才听你说……”“我理解你主要关心的是……”“……我说得对吗？”

另外，我们发现，一些销售经验丰富的销售人员，还善于利用非语言反馈的方式来催眠客户，比如，他们甚至能利用一个小小的眼神，就能激起客户继续诉说的欲望。

虽然大多数人认为销售员拥有三寸不烂之舌，却忽视了他们更是一名最佳的听众。如果销售人员不善于倾听，就容易造成误解，更为严重的是无法把握客户的真实需求，以致与客户的购买意图背道而驰！

做知己，替顾客说出心底的烦恼

通常来说，我们都有几个可以倾吐自己内心的死党，也就是人们常说的“知己”。人们对陌生人抱有戒备心理，却对自己的知己信任有加。因此，作为销售人员，在对客户进行催眠式销售的过程中，如果你能与客户做知己，真正从客户的角度考虑问题，便能让客户放弃反抗立场，接纳你的引导和催眠。

现实推销中，可能一些销售员会产生疑问，为什么客户总是把我当出气筒，总是向我倾诉不快？其实，此时你应该庆幸，你的客户已经开始信任你了，他的心扉已经向你敞开，希望得到你的回应和帮助。而实际上，那些销售能手通常都懂得察言观色，在客户尚未道出自己的苦恼之前，就主动替客户说出。

这天，化妆品推销员小林来到某准客户家，开门的是位年轻的太太，很明显，这位太太很不高兴，脸上还挂着没擦干的泪水，小林赶紧说：“太太，您怎么了，遇到什么伤心的事情了吗？”

客户：“没有，您是哪位，我不认识你！”

小林：“我是一名化妆品推销员，在敲开您的门之前，我是准备向您推销产品的，可是当我看到您一脸的愁容，我觉得我有其他的使命了。”

客户：“真是很感激你，其实，我没什么事。”

小林：“家家有本难念的经，我能理解，尤其是咱们女人，要操持好一个家，努力经营好一段婚姻，真不是一件容易的事。”

客户：“你说的太对了。我的丈夫就是一个永远不知足的男人，我这么努力，家里家外地忙活，他却一回来就跟我吵架，甚至连我做的饭都不吃，我都不知道该怎么办了，难道他也喜欢上了别的女人？”

小林：“太太，我觉得您需要勇敢一点，要和您的丈夫谈谈，这样问题才能解决，不然，即使您伤心，他也不知道啊！”

客户：“你说的有道理。我是该找个机会和他摊牌。对了，你刚才说你推销化妆品，都是什么样的产品？”

小林：“……”

这则销售案例中，销售人员小林运用的催眠方法值得我们学习。当面对关系不紧密甚至完全陌生的销售员时，这位太太即使“心有千千结”，也不愿向小林倾吐；而当小林以坦诚的态度道明自己的原本来意和对她的关心后，她对小林的防备心就稍微松弛了一点点；而当后来小林谈到一个女人的难处时，更让她感同身受，于是，她的心就彻底向小林敞开了，也就把小林当成了情感倾诉的对象，主动问及产品更是水到渠成的事。

可见，与陌生客户交谈时，如果我们能善加引导和催眠客户，打开客户的心扉，让其对我们一吐为快，那么，不仅有利于了解其内心的真实想法，还有利于拉近和客户在心理上的距离，让他更容易接受你的劝说，从而获得销售上的成功。

这里，把客户当朋友、与客户交谈时千万不能带着强烈的目的性，不要每次见到客户都谈论推销，否则你会给自己很大压力，变得很不自然。如果把老客户当作真心朋友相处，你会很轻松，更会在业务上有意外收获。因为，如果你单纯把自己与客户的关系保持在买卖上，你就会以产品为导向与客户交往；而把自己作为客户的知心朋友时，你在和客户的沟通中就会以客户需求为导向。这两种导向的不同，最终会决定你在事业上能走多远。

具体来说，我们需要做到：

1. 从情感上关心客户

日本著名的保险销售能人山田正皓在接受一家杂志的访问时曾说：“与客户接触时，一走进门，要让客户感觉舒服，而不要让其感觉到压力，他们就会和你建立长期的业务关系，他们会逐渐喜欢上你、信任你。这个原则年复一年跟随着我，成为我开展销售业务的基石。你先别管任何其他的技巧，也不要去尝试它们。你只要想办法让客户觉得和你在一起很舒服，喜欢并且信任你，让他们觉得你是来为他们提供服务的，而不是来卖东西的就行了。”

山田正皓在销售过程中总是竭尽全力地鼓励和关心客户，使客户感到温暖，把他当成知心的朋友，这对他的销售工作产生了积极的作用。二十几年来，他因业务关系结识的朋友超过数千人，而且大部分都和他保持着联系，这又为他的销售工作产生了不可估量的推动作用。

2. 体会客户的心情故事

一般来说，当客户心中不悦的时候，对于我们的推销会采取拒绝的态度。当听到客户的拒绝时，你应要求自己先想到的不是责怪客户的不通人情，而是帮客户编一则心情故事。或许他周末没休息好，所以和我说改天再说；或许他刚被老板骂，心情不太好；又或者……

因此，不要先想客户的不对，而要先站在客户的立场，帮他编一个理解他的心情故事，好好体会，品尝人间百态，这不也是销售的一种收获吗？

这就叫作同理心，以这样的心态催眠客户，会让客户觉得你是个值得托付心事的人，把你当作朋友看待。当客户对你倾诉的私人故事越来越多时，那离你的成交也就不远了。

3. 认真倾听，鼓励客户多说

如何让客户对我们掏心掏肺？很简单，鼓励客户多说就是一种很好的催眠方法。这其中，更需要我们懂得如何倾听：倾听时绝不可左顾右盼、心不在焉；

倾听时要懂得反馈，向对方表明你对其情感的理解；可以适当地重复客户的话，这表明你正在认真听。

当然，如果客户存在某些我们能为其解决的难题，那么，行动更能打动他，你的帮助一定会让他对你感激万分，如此一来，成功推销也就水到渠成了！

虚心请教，让客户乐于为你提出批评与建议

“好为人师”，是人性的一个弱点。孟子说：“人之患，在好为人师。”每个人都希望得到他人的尊重和敬仰，这一点，不分年龄或性别以及职业等。法国大作家罗曼·罗兰说：“自尊心是人类心灵的伟大杠杆。”只要你能满足对方的自尊心，你也就掌握了对方。推销员应利用人类的这一弱点，尊对方为老师，抬高客户，甚至可以虚心向对方求教，这样对方就会心情舒畅，心中充满温暖和同情，对你抱有好感，此时，对方便会不自觉地接受你的推销。如此，催眠式销售的目的也就达到了。

有名电脑推销员叫刘平。一次，他向某大公司推销电脑。工作努力的他，加上平时跑得勤，功夫深，成交希望非常大。但他没料到的是，“半路杀出个程咬金”，在关键时刻，该公司总经理把这件购买事宜交给了一个技术顾问——电脑专家陈教授。经过考察，陈教授私下表示，两种厂牌，各有优缺点，但在语气上，似乎对竞争的那一家颇为欣赏，刘平一看急了，“煮熟的鸭子居然飞了？”于是，他准备进行最后的努力，他找了个机会，口沫横飞地辩解他所代理的产品如何优秀，设计上如何有特色，希望借此改变陈教授的想法。谁知道，还没等他说完，陈教授不耐烦地冒出了一句话：“究竟是你比我行，还是我比你懂？”这话如五雷轰顶一样打醒了刘平。不过似乎已经晚了。

当刘平垂头丧气地回到公司，向同事诉说这件事后，一位同事告诉他："为什么不干脆用以退为进的策略推销呢？"并向他说明了"向师傅推销"的技巧。"向师傅推销"，要切记的是绝对肯定他是你的师傅，抱着谦虚、尊敬、求教的心情去见他，一切的推销必须无形，伺机而动，不可勉强，不可露出痕迹，如此方有效果。

于是，刘平重整旗鼓，再次拜访陈教授。见了面，他一改自己的说话习惯，对陈教授说："陈教授，今天，我来拜访您，绝不是来向您推销。过去我读过您的大作。上次跟老师谈过后，回家想想，觉得老师分析得很有道理。老师指出我们所代理的电脑在设计上确实有些特征比不上别人。陈教授，您在 ×× 公司担任顾问，这笔生意，我们遵照老师的指示，不做了！不过，陈教授，我希望从这笔生意上学点经验……"刘平说话时一脸的诚恳。

陈教授听了后，心里又是同情又是舒畅，于是带着慈祥的口吻说道："年轻人，振作点。其实，你们的电脑也不错，有些设计就很有特点。唉，我看连你们自己都搞不清楚，譬如说……"陈教授谆谆教导，刘平洗耳倾听。这次谈话没过多久，生意成交了。

这则案例中，推销员刚开始向他的准客户热情地推销，却失败了，这是因为他忽略了对方的自尊心，大谈自己产品的优势，然而，试图显得比客户更高明是不会赢得客户好感的；反之，他能挽回败局，将一笔快泡汤的生意又做成，其原因就是通过向客户求教来催眠客户，满足了客户的自尊心，赢得了对方的好感，从而获得成功。可见，抬高客户是赢得客户好感的一个重要方法。

那么，我们该如何抬高客户来催眠对方呢？

1. 赞美式开场，赢得客户的好感和认同

原一平有一次去拜访一家商店的老板。

"先生，您好！"

"你是谁啊？"

“我是明治保险公司的原一平，今天我刚到贵地，有几件事情想请教一下您这位远近闻名的老板。”

“什么？远近闻名的老板？”

“是啊，根据我调查的结果，大家都说这个问题最好请教您。”

“哦！大家都这样说啊？真是不敢当，你说吧，到底什么问题呢？”

“实不相瞒，是这样的……”

“站着谈不方便，请进来吧！”

……

每个人都渴望被别人赞美，获得认同，客户也是。这里，销售大师原一平之所以能成功推销，就在于他在开场时用请教的口吻赞美了对方：用第三者“大家”的口吻去称赞商店老板“远近闻名”，对老板予以肯定，赢得了老板的好感和认同，因此，接下来的沟通就容易多了。

可以说，与客户沟通，把其放到较高的位置上，并虚心地请教其问题，是一种绝佳的催眠技巧，这样能满足其某种程度的虚荣心和好为人师的心理，可见，有时，对客户的请教也是一种委婉的赞美方式。真诚地去请教客户，往往是打开销售之门的一把钥匙。比如，你可以这样说：

“陈总，我早就听说过您白手起家的故事，我真的很想请教一下您，当时您是怎么作出决定来创业的呢？”

“听说您是通信方面的专家，想请教一下您……”

“专家就是专家，您提的问题都与一般人不一样，都提到点子上了……”

“张先生，您在营销方面这么有研究，有机会一定当面向您请教……”

“李总，您公司目前在物流服务领域做得这么成功，当初您是怎么想到开展这项业务的呢？”

2. 放低姿态、适当使用讨教的语气求教

我们可以降低姿态，以讨教的语气进行交流，比如，你可以问对方：“请问，您刚才说的电脑的配置，指的是哪些方面呢？”倾听时如此反馈，一来会体现出你在认真倾听，二来可以满足客户好为人师的心理，以此来促成销售。

虚心请教是让客户产生优越感、体现自己谦逊态度的重要方式，推销时，你可以这样问对方：“关于我的看法，你有什么意见？”用这样的方式来引发对方的思考和催眠对方，创造他说话的机会。而且，你也可能会因为让他有了说话的机会，而引发他对你的好感。

美国一位著名的哲学家说：“驱使人们行动的最重要的动机是做个重要人物的欲望。”可见，说话谦逊，抬高客户，才会让对方听起来更悦耳舒服。这也是我们在销售过程中要使用的一项必备的催眠技巧！

倾听不“傻”听，学会将话题引到有利于销售的关键点上

前面，我们已经分析过倾听在催眠式销售中的作用。那些顶尖的销售员，通过经验总结出了一条规律：如果你想成为优秀的销售员，就要将听和说的比例调整为 2∶1，也就是说，70% 的时间让客户说，你倾听；自己用 30% 的时间来发问、赞美和鼓励他说，只有这样，销售员才能打开客户的心扉，成为顶尖的销售员。但从另一个方面看，倾听的最终目的是服务于销售。这就要求我们在使用倾听这一催眠技巧的过程中，还要多留心，千万不要为了倾听而倾听，而要及时把话题转到销售工作上。

小马是一名汽车推销员，在一次汽车展会上，他结识了一位客户。通过对这位客户的言行举止的观察，小马分析这位客户对越野型汽车十分感兴趣，而且其品位极高。后来，小马几次试图约客户出来坐坐，就一些关于越野车的问题谈谈，但是客户总是以各种理由推托，总是说自己工作很忙，周末则要和朋

友一起到郊外的射击场射击。

小马终于发现，原来客户还喜欢射击，经过打听，果然如此，这位客户曾经还是一名射击冠军。于是，小马上网查找了大量有关射击的资料，一个星期之后，小马不仅对周边地区所有著名的射击场了解得十分深入，还掌握了一些射击的基本功。再一次打电话时，小马对销售汽车的事情只字不提，只是告诉客户自己“无意中发现了一家设施特别齐全、环境十分优美的射击场”。下一个周末，小马很顺利地在那家射击场见到了客户。小马对射击知识的了解让那位客户迅速对其刮目相看，他大叹自己“找到了知音”。

在返回市里的路上，客户主动表示自己喜欢驾驶装饰豪华的越野型汽车，并对一些造型别致、性能优越的越野车都进行了一番阐述，小马认真地倾听着。等到客户提到“说实话，现在市场上的汽车在档次与品位上做得实在……”时，小马立即接过话茬儿：“我们公司正好刚刚上市一款新型豪华型越野汽车，这是目前市场上最有个性和最能体现品位的汽车……”一场有着良好开端的销售沟通就这样形成了。

案例中，我们可以看出，销售员小马是精明的，他深谙倾听这一催眠技巧应该如何实施，当他发现直接从客户爱好的越野汽车入手无法收到效果时，就转换了一个角度——射击。当他与客户产生共鸣后，客户对他的戒备心也就消除了，此时，当客户谈及自己最喜欢的越野汽车并阐述自己的观点时，小马便能巧妙地接过客户的话茬儿，把话题转入到销售问题上，一场有着良好开端的销售沟通就这样形成了。

那么，我们该如何在倾听中将话题过渡到销售上来呢？以下是几点催眠策略：

1. 倾听不傻听，听出对方的弦外之音

利特尔公司是世界最著名的科技咨询公司之一。然而其前身只不过是其创始人利特尔建立的一个小小的化学实验室，并不为人知晓，而后来的一件事却让这个小小的实验室名声大震。事情原来是这样的：

1921 年的一天，许多企业家在一次集会上，谈论科学和生产的关系。一位大亨高谈阔论，否定科学对企业生产的重要作用。这位大亨挑战性地对利特尔说："我的钱太多了，所有的钱袋已经不够用了，想找猪耳朵做的丝线袋来装钱。或许你的科学能帮这个忙，如果能做成这样的钱袋，大家都会把你当成科学家的。"说完，他哈哈大笑起来。

聪明的利特尔怎么听不出大亨的弦外之音呢？

他感到非常气愤，恨不得给这种无聊的人几个耳光，可是他忍受了，表面上非常谦虚地说："谢谢你的指点。"

此后不久，市场上的猪耳朵被利特尔公司暗中收购一空。购回的猪耳朵被利特尔公司的化学家分解成胶质和纤维组织，然后又把这些物质制成可纺织纤维，再纺成丝线，并染上各种不同的美丽的颜色，最后编织成五光十色的丝线袋。

这就是猪耳朵丝线袋，这种钱袋投放市场后，顿时被一抢而空。

"用猪耳朵制丝线袋"，这看来荒诞不经的恶毒挑战被粉碎了。那些不相信科学是企业的翅膀同时也看不起利特尔的人，不得不对利特尔刮目相看。

利特尔公司从此名声大震。

利特尔听出了大亨的弦外之音，不露声色，暗地里却做好准备，收购猪耳朵，并通过科学的方法将猪耳朵制成丝线袋，不仅为自己带来了经济利益，还粉碎了大亨的恶毒挑战，从而一举成名。这个故事同样给从事销售的人们一个启示：要让倾听这一催眠技巧发挥效用，就不能"傻听"，要听出关键点，才能有助于销售，否则就会本末倒置。

2. 以退为进，不妨从客户关注的话题入手

现实销售中，一些销售人员完全站在自己的立场上考虑问题，希望一股脑儿地把有关自己所推销产品的信息全部灌输到客户的头脑当中，却根本不考虑客户是否对这些信息感兴趣。这些销售员，几乎从一开口就为自己的失败埋下

了种子。要知道，实现与客户互动的关键是要找到彼此间的共同话题，这就要求销售人员首先要从客户关注的话题入手。

3. 把握销售进程、及时将话题转移到销售上

“大爷，最近听说又有冷空气要来，今年冬天的天气真是没有往年好呀！您岁数大了，尤其要注意保暖，省得头疼感冒不说，还可以减少关节炎的疼痛。您看一下这件适合老年人穿的加厚羽绒服，它既保暖又舒适，而且非常耐穿……”

在确定了客户的需求之后，销售人员虽然可以针对这些需求与客户进行交流，但是这还达不到销售沟通的目的，这就需要销售人员巧妙地将话题从客户需求转移到销售沟通的核心问题上。

另外，我们在将话题转换到销售上时，要多使用积极的语言，这样在转换话题的时候，会更加自然巧妙，能更好地引导客户从有利的一面看待产品，促进产品销售。

总之，倾听是有效沟通的重要基础，是催眠式销售的关键步骤，而且，善于倾听的人总是注意分析哪些内容是主要的，哪些是次要的，以便抓住交谈背后的主要意思。我们倾听客户说话时，也要抓住有利于销售的关键点，不要被个别细枝末节所吸引。

第4章

催眠式销售绝技之三：赞美，运用赞美迅速打开客户柔软的心

现代催眠心理学认为，人性的弱点之一就是喜欢被别人赞美。的确，每个人都喜欢听赞美的话。销售过程中，销售人员也可以利用这一点进行催眠式推销，抓住客户的心理，从而顺利接近客户，对客户进行催眠式引导，继而进行产品介绍，成功达成购买协议。虽然赞美顾客在销售中必不可少，但赞美顾客也不能毫无章法，只有贴切、真诚的赞美，才会让客户觉得你说话中肯，才会对销售产生积极的作用。

运用赞美为销售铺路

人们常说：“人性的弱点之一就是喜欢被别人赞美。”因为人类都长着一双爱听赞美之言的耳朵，每个人都希望自己被尊重、认同与肯定，与此同时，每个人都觉得自己有可夸耀的地方，所以，如果销售员能很好地利用客户这一爱听好话的心理，就能成功地接近顾客，进而催眠客户，获得客户的好感，那么，催眠式销售成功的概率就大得多了。

现代催眠术认为，催眠是情境的结果，销售员在对客户进行赞美时，能营造出一种情境，然后通过巧妙引导让对方进入催眠状态。但赞美客户并不是无迹可循、毫无章法的，赞美他人，最忌讳的就是空穴来风、含糊空泛地赞美。毫无根据地奉承一个人反而会弄巧成拙。因此，我们在赞扬客户时，一定要真诚，这也是赞美的基础。

推销大师乔·吉拉德曾说：“所有最重要的事情，就是要对自己真诚，并且就如同黑夜跟随白天那样的肯定，你不能再对其他人虚伪。”松下幸之助也曾说：“在这个世界上，我们靠什么去拨动他人心弦？有人以思维敏捷、逻辑周密的雄辩使人折服；有人以声容并茂、慷慨激昂的陈辞去动人心扉……但是，这些都是形式问题。我认为在任何时间、任何地点，去说服任何人，始终起作用的因素只有一个，那就是真诚。”

吉拉德是个很会赞美客户的人，如果客户和他的太太、儿子一起来看车，乔会真诚地对客户说：“你这个小孩真可爱。”

同时，乔善于把握诚实与奉承的关系。尽管客户知道乔所说的不尽是真话，但他们还是喜欢听别人这么说。少许几句赞美，可以使气氛变得更愉快，没有敌意，推销也就更容易成交。

可见，在现代催眠式销售中，销售人员一定要懂得运用赞美为销售铺路，我们再来看看下面的销售案例：

一位靓丽的摩登女郎在一个首饰店的柜台前看了很久。售货员问了一句："这位女士，您需要买什么？""随便看看。"女郎的回答明显缺乏足够的热情，可她仍然在仔细观看柜台里的陈列品。如果售货员此时找不到和客户共同的话题，就很难营造买卖的良好气氛，可能会使到手的生意溜走。

细心的售货员忽然间发现了女郎的上衣别具特色："您这件上衣好漂亮呀！""啊！"女郎的视线从陈列品上移开了。"这种上衣的款式很少见，是在隔壁的商场买的吗？"售货员满脸热情，笑呵呵地继续问道。"当然不是！这是从国外买来的。"女郎终于开口了，并对自己的回答颇为得意。

"原来是这样，我说在国内从来没有看到过这样的上衣呢！说真的，你穿这件上衣，确实很吸引人。""您过奖了。"女郎有些不好意思了。"只是……对了，可能您已经想到了这一点，要是再配一条合适的项链，效果可能就更好了。"聪明的售货员终于顺势转向了主题。

"是呀，我也这么想，只是项链这种昂贵商品，怕自己选得不合适……""没关系，来，我来帮您参谋一下……"

聪明的售货员正是巧妙运用了语言这门艺术，搭起相识的桥梁；然后顺水推舟地引导那位陌生的女郎，最终成功地推销了自己的商品。

在这则案例中，销售人员面对冷漠的客户，并没有单刀直入地提销售，而是先对客户的着装进行了赞美，使其放松了警惕；接下来，她巧妙地将话题转移到首饰上，让客户产生这样的联想："再配一条合适的项链就更好了。"于是，客户的思维自然进入到了销售员设定的情境之中，就这样，销售员最终巧妙地将产品推销出去。

那么，在具体的催眠式销售过程中，我们该如何利用赞美为销售铺路，达到我们的最终目的呢？

1. 交谈之初可不谈销售

采取“初次交谈，可不谈销售而只是赞美客户”的方式，可以打消客户的戒备心理，可以避免自己的销售行为被扼杀在摇篮中，同时能了解更多的客户信息。这是符合心理学中的首因效应的，能为下次的良性互动和推销的顺利进行创造条件。

2. 赞美要有度，不可一发不可收拾

当我们恭维客户的时候，要有个度，不能恭维起来就没有边际。否则，不仅会让客户产生厌恶的情绪，还会让我们的销售工作无法插入。要让自己的恭维和赞美发挥最大的效力，就要珍惜自己的赞美。当然，这并不是说不要去恭维别人，而是不该恭维的时候绝对不浪费，该恭维的时候千万不要吝啬。这样，才能为我们下一步的销售工作做好铺垫。

3. 时机成熟时，插入销售话题

对此，我们要善于观察，比如，当我们发现客户因为我们的赞美之言而露出欣喜的表情或者开始出现不断抚摸产品等动作时，这说明我们的赞美起到作用了，此时，我们就可以插入销售话题，向其推销了。

4. 将赞美运用于销售中

很多时候，赞美的内容是需要你在销售中临时把握的，再完美的计划也跟不上变化。销售员在赞美客户时，应该相机行事，时机不同，赞美也要跟着改变。比如你的客户准备谈一笔生意，开始时你可以称赞他有魄力；中间你可以赞美他毅力十足，能持之以恒；当他谈成生意后，你应该肯定他的成功。时机不同，赞美也不同，这样才能得体。

总之，销售员需要记住，销售中的赞美是要以推销产品为前提的，背离这一本质目的，我们的赞美则会毫无意义！

赞美客户，让客户在不知不觉中对你掏心掏肺

我们都知道，每个人都长着一双喜欢听赞美语言的耳朵，这是人的天性。马克·吐温曾说过：“一句得体的称赞能让自己陶醉两个月。”的确如此，当我们获得别人的夸奖之后，不是也反复回味、心情兴奋吗？所以，我们要知道，称赞是绝妙的催眠方法，称赞对方，能让他拥有优越感。当你用真诚的语言赞美对方的时候，他会认为你是一个值得信任并了解他的人，自然就拉近了你们之间的距离，他所回报你的，便是同样的肯定与信任，并以此而焕发出你与他之间相互的热情、友谊和温暖。这样，对方就会在不知不觉中对你掏心掏肺。同样，在现代催眠式销售的过程中，赞美也是我们要掌握的一项必备催眠技能。我们先来看看下面的案例。

那还是 20 世纪 30 年代，电在世界上还没有普及，美国一家电气公司有个推销用电的销售员，有一天，他到了一户富有的农家面前，叫开了门。开门的是个老太太，她一听是来搞推销的，二话没说，便把门关了。

年轻人并没有放弃。很快地，他再次叫门，老太太只给他开了个门缝，然而年轻人依然有礼貌地说道：“很抱歉打扰了您，也知道您对用电不感兴趣。所以这次并不是来推销电，而是来买几个鸡蛋。”老太太一听，很是奇怪，一个年轻人跟我买什么鸡蛋？但她已经消除了一些戒心，把门开大了一点儿，探出头怀疑地望着年轻人。

年轻人看出了老太太的疑心，就继续说：“我看见您喂的几只母鸡很漂亮，鸡窝里的蛋我也看见了，我想买一打新鲜的鸡蛋回城。”

听到他这样说，老太太把门开得更大一些，并问道：“城里超市不是有鸡蛋吗，干吗非上我这里买呢？”

“因为，”年轻人充满诚意地说，“我妈妈年轻时候就是在乡下住的，她

吃不惯城里的鸡蛋，她就说这里的蛋好。”

这时候，老太太已经把门打开了，走出门口，态度温和了许多，并和年轻人聊起鸡蛋的事情。但年轻人指着院里的牛棚说：“夫人，我敢打赌，您丈夫养的牛赶不上您养鸡赚钱多。”老太太被说得心花怒放。长期以来，她丈夫总不承认这个事实。于是，她把年轻人视为知己，带他去鸡舍参观。年轻人边参观边赞扬老太太养鸡的经验，并说，如果能用电灯照射，产的蛋会更多。老太太似乎不那么反感了，反而问年轻人，用电是否合算。当然，她得到了完满的解答。

两个星期后，年轻人在公司收到了老太太寄来的用电申请。

这名年轻人乍看有阿谀奉承之嫌，但实则是对老太太的赞美。而正是因为他运用了赞美这一催眠技巧，老太太才逐步解除戒心，最终接受了他的推销。

然而，说奉承话也是一种能力，有的人说奉承话可以俘获客户，而有的人却丢掉了客户，白白浪费了赞美言语。因此，作为销售员，在运用赞美这一催眠技巧引导客户的时候，你还应该记住一点：一定要时刻不忘你的最终目的——销售产品。偏离这一中心的赞美是毫无意义的。

迈克是一家人寿保险公司的销售员，几经周折，他才获得对当地一位大人物史密斯先生半个小时的拜访时间。

一见到史密斯先生，迈克就非常激动地说：“史密斯先生，我从小就听过您的大名，从心底万分崇拜你。我想，如果我今天能亲耳听到您的那些传奇故事，我会非常荣幸的。”

“年轻人，你今天来不是就为这个的吧？”

“史密斯先生，您可不知道，有多少人做梦都盼着见你一面呢！”迈克越说越起劲，又说出来很多赞美之词，史密斯先生也被他的赞美冲昏了头脑，开始向他讲述自己的创业史。结果，半个小时的时间很快就过去了，迈克满脑袋都是故事，忘记了此行的目的。

这一案例中，迈克的赞美之言的确起到了打动客户的作用，他和客户聊得可谓很投机，但迈克忘了自己的根本目的。那么，他的赞美之言说得再动听，也是没有意义的。如果他能在客户对其产生好感时，适时地插入销售事宜，是很容易达成销售目的的。可见，赞美客户是件好事情，但并不是一件简单的事。赞美客户，不掌握一定的技巧，不懂得恰逢时机地赞美，反而会使好事变为坏事。

无数销售经验告诉我们，人们都是有虚荣心的，没有人不喜欢别人的赞美和奉承。当听到别人的赞美和奉承之后，一般人都会心花怒放，尤其是一些虚荣心比较强的人，更是会高兴得不亦乐乎，在这种情况下，满足对方的虚荣心就能征服和俘获对方的心。一位百万富翁曾经坦然地说："我就是喜欢听奉承的话，自己喜欢听，别人也喜欢听。"既然客户有这个心理需求，那么销售员一定要抓住这一点来催眠、引导客户，让客户对我们以诚相待，这样一来，离成功推销也就不远了。

赞美客户要用点心，别搞空穴来风

赞美客户是件好事情，但并不是一件简单的事。尤其是那种毫无根据、泛泛而谈的赞美，更有奉承之嫌。那么，作为销售员，我们该如何赞美客户呢?

1. 赞美要有根据

销售员在赞美客户时，一定要有根据，这里的根据，指的是赞美要实事求是，要具体，这样的赞美才显得真实，才容易让人接受。那么，哪些是赞美中的"根"和"据"呢? 其实很简单，我们可以尽量让赞美细节化，避免泛泛之谈，比如，我们在与客户交谈的时候，可以赞美客户的经历、办公室的布置等。

"张总，您部门的小赵说您是一位非常平易近人的领导，真是不假，一见到您，我就觉得特亲切。"

2. 间接赞美比直接赞美更有效

不太适合直接赞美客户的时候，我们可以选择间接赞美的方式，而这一方式，通常更能彰显出赞美的效果。间接赞美的方法有很多种：

（1）赞美客户最关心的人或事

比如，客户是个年轻女士，为了避免误会与多心，你不便直接赞美她。这时，不如赞美她的丈夫和孩子，你就会发现，这比赞美她自己本人还要令她高兴。

再比如，当你发现客户开着一辆与众不同的汽车时，你对客户说："这车，真好看！"客户自然会高兴，但这并没有真正起到赞美客户的作用，因为车子是否不错，是厂商的功劳，客户只是花钱购买。而如果你对客户说："这车保养得真好！"或"你挑车的眼光真好！"这就真的是赞美客户了。

（2）借用第三者的口吻来赞美

有时候，借用第三者的口吻来赞美会更有说服力。比如，"怪不得小张说您越来越漂亮了，刚开始还不相信，这一回一见可真让我信服了。"这样对客户说就比说"您真是越长越漂亮了"好得多，还可避免恭维、奉承之嫌。

（3）从否定到肯定的赞美

这种用法一般是这样的："我很少佩服别人，您是个例外。"这样赞美，更显真实。

3. 善于发掘客户的亮点，赞美要有新意

真正的成功人士毕竟是少数，社会中更多的是平凡人，他们鲜有卓越的成绩，因此，销售员在面对客户时应该从客户身上的具体事件入手，任何的细节都不放过，只有你的赞美深入具体，客户才会觉得你对他足够重视，才能感觉到他所获得的肯定是真实可信的。

4. 发挥语言的魅力

语言是一门艺术，赞美也不例外，只有对语言准确把握，才能很好地说出赞美的话语。要根据对象、时机、场合的转换，用不同的语言措辞，恰当地表达你的赞美之情。语言是销售员与客户沟通的重要手段，赞美要发自内心，你的用语恰当与否也是一种表现。

总之，赞美客户要落到实处，就要找到具体的赞美点，这个赞美点必须是客户身上真实存在的。在赞美时指出细节，说明它的特点，给出自己的评价，这样的赞美会让客户有真实感，认同你的说法，从而改变态度，接受你的催眠和引导，最终愿意购买。

遇到含蓄的客户，赞美可以温婉动听些

中国自古有云：君子羞于口，而善于行。这种追求含蓄、委婉的审美标准是影响中国人乃至东方人性格内向的重要因素。在销售中，我们也经常遇到这种客户，他们言辞谨慎，不愿意当众表达自己，因为他们信奉着“说得越多就错得越多”的逻辑。对于销售员的恭维，他们也比其他客户更有“免疫力”。面对这类客户时，我们使用赞美这一催眠技巧的难度就大得多。为此，有些销售员会认为，对于这类客户，赞美是不起作用的。其实不然。任何客户都有虚荣心，只是每个人所能接受的赞美的方式不同，对于此类含蓄的客户，如果我们的赞美能委婉动听些，势必也能起到作用。

小王是一名宽带业务销售员，有一天，他给一位客户打电话，向客户介绍后，客户认为帮助不大，因此拒绝，并且理由很充分。

客户：“我平时基本不在家，安个宽带也没用，还是算了吧。”

小王：“没有关系的，真是很打扰您，对了，陈小姐。您是不是播音员啊？声音听起来特别动听。”

客户：“你怎么知道的？我确实是在电视台的播音栏目组工作的。”

小王：“真的啊？看样子我的感觉还真是没错，因为我觉得和您通电话真

的感觉很好。陈小姐，您看其他还有什么方面需要我帮助的？”

客户:“我前一段时间看到电信宣传的小灵通,你可不可以给我介绍一下？”

小王：“好的……谢谢！”

这次通话的结果是这位客户答应先拿一部小灵通用用看。

这则案例中，销售员小王之所以赢得销售的转机，是因为他运用了赞美这一催眠技巧，即便被客户委婉拒绝，他还是在电话中巧妙、委婉地赞美了客户，进而赢得了客户的接受。

有时候，那些冷静、含蓄的客户，之所以难以对付，并不是他们对于赞美这一催眠技巧不受用，而是他们存在这样的心理：如果不采取相应的措施，很可能就要吃亏。但另外一方面，他们又渴望被人所认可，不愿被人误解。这样造成的现实情况就是,他们本身在内心上就很矛盾,是一个矛盾的集合体。对此，销售员要好好地利用这一点，采取合适的方法对客户进行赞美。

那么，我们该怎样以温婉动听的语言来催眠和引导含蓄型的客户呢？

1. 以请教客户问题的形式来间接表达赞美之情

在引导这类客户时，要将其放到较高的位置上，并虚心地请教其问题，满足其某种程度的虚荣心和好为人师的心理。有时，对客户的请教也是一种委婉的赞美方式。真诚地去请教客户，往往是开展催眠式销售的一把钥匙。

“刘总，业内关于您白手起家的故事大家都在谈，我真的很想请教一下您，当时您为什么突然想到出来创业呢？”

“您是桥梁方面的权威，有个问题我想请教一下您……”

“张先生，您在营销方面这么有研究，有机会一定当面向您请教……”

“李总，您公司目前在物流服务领域做得这么成功，当初您是怎么想到开展这项业务的呢？”

2. 选用非正面沟通的赞美技巧

比如，我们在与客户沟通的过程中，如果错过了赞美客户的机会，可以在随后的跟进邮件、短信中再次表达，如：“和您通电话真的很受益，希望下次还有机会向您学习……”这样的效果也非常不错。要知道，间接赞美客户，有时能够获得比直接赞美客户更好的效果，因为它能够更好地满足客户的自我心理需求。

3. 用自己的语言表达出来

生活中，我们发现，尽管有些销售员经常赞美客户，如“您的事迹，我早有耳闻，今日一见，果然气宇不凡！”“久仰久仰！”等，却并没有得到客户的好感。这是因为这些套用他人之语的赞美显得做作、虚假。

所以，我们在赞美客户，尤其是赞美这类含蓄型的客户时，一定不可照搬他人的赞美语言，而要自己组织语言，以轻松、自然的语气将赞美表达出来。

4. 在恰当的时候真诚地表达出来

赞美要选对时机，才显得自然。同时，对于客户的赞美可以适当地加入一些调料，比如，幽默。这样更加容易调节气氛，让客户在心里感觉非常舒服。

5. 赞美的语言不可太过

一般来说，这类含蓄型的客户一般都是理智的。那些真诚、恰当的赞美，的确会让他们产生愉快的情绪，并对我们产生美好的印象；但太过分，就会适得其反，甚至会引起他们的反感。

当然，要运用赞美法来催眠此类含蓄型客户的方式还有很多，但关键的一点就是我们一定要发自内心地赞美客户。只有真诚赞美，并将话说得动听一些、含蓄一些，才能更容易让对方接受！

赞美客户也得有点新意，别千篇一律

生活中，我们每个人都有自尊，都希望别人对自己的优点有一个肯定的评价。现代催眠学认为，如果一个人长时间被他人赞美，其心情会变得愉悦，智商会有所提升。正因为人性中的这一弱点，身为销售员的我们也可以将其运用到销售活动中。在催眠与引导客户的过程中，如果你能运用真诚的语言赞美客户，不使人感到虚假或敷衍，在他们心里，就会认为你很贴心，自然也就愿意与你沟通，愿意接受你提供的购买建议。所以，我们在适当时候说出的那些微不足道的赞美的话，可能会收到意想不到的效果。

赞美是人际交往的润滑剂，能让客户对我们产生好感，但赞美也不是一件毫无章法的事，要知道，毫无技巧与新意的赞美，不但不能打动客户，还会有奉承之嫌，甚至招来客户的反感，影响销售。

甄小姐原本是个身材苗条的女士，但自从产下第一个孩子后，身材就完全走形了。为此，她现在无论买什么衣服，都不像以前那样干脆，而是会反复斟酌，直到自己认为真的合适为止。

一次，她去一家服装店买裙子，试了很多个款式，可是总是觉得不合适。她站在镜子前感叹道："怎么就没有一件适合我的啊，唉！"

这时候，专卖店的老板走上前去，笑着说："怎么了，美女，你的气质这么好，穿什么衣服都会好看的，试试这件吧，或许更适合你呢！"说着拿过了身边的一条连衣裙。

听了老板的这番话，甄小姐拿过裙子，进了试衣间，一会儿，当她出来的时候，在镜子前不断地扭来扭去，她感觉自己穿上这条裙子还真的是挺合适的，而且非常漂亮，脸上露出了满意的微笑。但这时候，老板又说了一句话："真是赏心悦目啊，您身材这么好，穿上这条裙子真的太漂亮了，跟电影明星似的。"

甄女士听完，脸色马上变了，顺便说了一句："您是不是对每个试衣服的女士都这么赞美的啊？"虽然甄小姐用了一个"您"，但老板明显听出甄小姐心中的不悦，因为她已经放下衣服，离开了专卖店。

案例中，我们发现，甄小姐之所以没有购买自己看中的那条裙子，就是因为老板那句毫无新意甚至有点名不副实的赞美：“真是赏心悦目啊，您身材这么好，穿上这条裙子真的太漂亮了，跟电影明星似的。”对此，甄小姐的回答是：“您是不是对每个试衣服的女士都这么赞美的啊？”可见，不是任何女士都希望别人夸赞自己美丽、漂亮的，如果情况不符实际，就会显得虚假；而如果符合实际，你的赞美就显得陈旧，同样很难产生作用。

在与客户沟通时，赞美这一催眠技巧往往能起到取悦客户的作用，并在客户心里留下好印象，因为每个人都喜欢听赞美，对赞美自己的人自然会有好感。但是，如果我们希望赞美产生最佳效果，最好用点心，使得赞美有新意。否则，毫无新意的奉承话，反而会增添客户对你的不信任感，拉开你和客户之间的距离。

那么，作为销售人员，在催眠式销售中，我们该如何说才能让赞美更有新意呢？

1. 赞美要从细处着眼

比如，客户是一位女性，如果我们一开始就夸对方“你很漂亮”客户一方面会感到高兴，另一方面会不知所措。对此，我们不妨一反常态，从一些细节之处赞美，比如，从对方所带的东西或饰品等附带的东西夸奖，例如：“你的衣服很合身”“饰品很可爱”“发型很有特色”……

这些夸奖的话，表面上是在夸奖东西，事实上是在夸客户有眼光，而被夸的一方非但不会不知所措，反而会因为自己以外的东西受到高估而感到高兴，她们会认为你们在价值观上存在着很大的共同之处，这样，双方的距离一下子就缩短了。

2. 赞美客户的精神层面

（1）赞美客户的态度和行为

为了在不同程度和不同模式上夸奖对方，你必须准备一些话语，像“言行得体”“活泼大方”“容易亲近”等，并仔细观察对方，在适当时机套入话语。

（2）赞美客户的品质

比如，当面对的是一位男士的时候，在销售过程进行到最后时，我们不妨说出这样的话："我觉得你是位值得尊敬的人""您是一位好好先生""我觉得您真是位体贴的男士"……这些夸赞无须修饰，脱口而出，可以给对方留下好印象。

（3）赞美对方的品位

如你可以赞美客户的穿着："听说您退休前是一名服装设计师。怪不得呢，您今天这样搭配，让人觉得耳目一新，您肯定有一套自己的搭配秘诀。"这样赞美，多半情况下，都能让客户心花怒放。

所以，在催眠式销售中，想要赞美这一必杀技真的起到作用，就一定要有新意，这样才能把赞美说到客户心里，加倍成就他自信的感觉，从而有助于我们销售工作的顺利开展！

第5章

催眠式销售绝技之四：认同，肯定让客户不知不觉间对你打开心扉

生活中，我们在人际沟通时，都希望被认同；同样，与客户沟通，最重要的一点，也就是掌握“赞同别人”这一催眠法。事实上，这也是我们这一时代的智慧结晶之一。也许，在你的生活中再也找不出像“认同别人”这样一个简单的技巧了。的确，作为推销员，我们不得不承认这样一个事实：客户与我们接触之初，往往会存有一种戒备心理，认为销售人员是为其自身利益，所以千方百计地想把产品销售给自己。为此，作为销售人员，在与客户沟通的过程中，你最重要的任务之一就是让客户逐渐对你打开心扉，进而信任你。如果我们能站在客户的角度推销并表达对客户的认同，句句话都说到客户的心坎儿里，便能成功催眠和说服客户。

从客户感兴趣的话题入手

在这个强竞争、高压力的社会中，很多人认为自己不被他人理解，最重要的一点，就是找不到属于自己的听众。每个人都有表达自己、被他人理解的欲望，所以，都希望他人扮演听众的角色。有了快乐的事情，希望说给他人听，跟人分享；有了不开心的事，也希望与人倾诉。当然，除了这一点之外，人们也更希望能通过倾诉获得他人的赞同和理解，而不是反驳和训斥。因此，从催眠学的角度来看，在销售中，多给予客户认同会使对方心情愉快，能换来客户的理解和信任。而对客户的肯定和认同中，最为常用的催眠技巧就是从客户感兴趣的话题入手。

的确，一般而言，人们对陌生的推销员总是心存戒备，往往以没有时间、不需要等理由将其打发走。其实，这是因为销售员没有选对谈话方式。每个人都有感兴趣的话题，客户也是。如果销售人员能在销售中先暂时搁置一些销售问题，而从客户的兴趣入手、发起谈话，势必能激发客户继续谈话的欲望。

蔡铭是某公司销售部门的主管，是个已经有十几年营销经验的销售精英。在整个部门的人看来，无论什么客户，只要是蔡铭出手，都能搞定，所以，很多销售新手一旦遇到了什么难题，都来寻求主管的帮助。

一次，在新人培训的过程中，他亲自带着一位刚来的业务代表去拜访一家大公司的采购主任宋先生。

双方见面后，业务代表与采购主任宋先生之间的交易显得并不顺利，谈话也不是很畅快。经验丰富的蔡铭经理看出“问题”出在双方交谈缺少某些“润滑剂”，他灵机一动，突然想起在来的路上，业务代表曾经对他说宋先生有一对双胞胎女儿，今年刚刚上小学，宋先生特别疼爱她们。于是，蔡铭就趁机与他聊起了女儿。

“听说宋先生有两个非常可爱的女儿，是吗？”

“是的。”宋先生脸上顿时流露出一丝微笑。

“听说还是双胞胎？今年几岁了？”

“7岁了，这不已经上学了。我下班还要去接她们呢。”

“听说她们的舞蹈跳得特别棒。”

“是呀，前几天还代表学校参加全市的演出了呢。”

提起了女儿，宋先生的话就多了，聊了一会女儿，宋先生主动把话题引到了这次见面的业务上。

“其实，你们公司的产品……”

我们发现，案例中的销售主管蔡铭是个很善于运用催眠技巧的人，当他发现客户与业务代表之间的交谈不顺利时，他便立即找出了能引导客户多说话的话题——客户的双胞胎女儿，进而慢慢消除了客户的心理戒备。如果在业务代表与宋先生交谈不顺利的情况下，业务代表或者蔡铭依然坚持谈业务本身，那么，过不了几分钟，宋先生肯定就会下逐客令了。但是，蔡铭抓住时机，巧妙地引入宋先生感兴趣的话题与其聊天，轻松地打破了谈话的僵局。

认同这一催眠艺术的根源在于：人们喜欢赞同他们的人，人们不喜欢反对他们的人。的确，人们都有这样的感觉：与志趣相投的人谈话其乐无穷，与志趣相异的人谈话，会感到“话不投机半句多”，也就是说，人们都希望交谈对方能认同自己。掌握人们的这一心理，我们在销售中，认同客户的兴趣爱好，能让对方感到你与他志趣相投，这样一来，对方一定乐于向你倾诉。

那么，现实生活中的哪些话题可能会让客户感兴趣呢？

1. 天气

日常生活中，天气是最好的聊天话题，中国人见面时也通常喜欢谈论天气。

另外，以天气为话题与客户寒暄，因为不涉及利益关系，对方一般都愿意接茬。当然，天气除了可以当话题之外，还可以当作关心对方的题材。

但是，对于与天气有密切关系的行业的客户，谈论天气时一定要有所注意。比如，如果你与一位雨衣或者雨伞销售商寒暄时说："最近一点雨都没下，秋高气爽，天气简直太好了。"对方一定不会给你好脸色看。

2. 新闻

最近的新闻也是你与客户聊天的好话题。新闻可以引起客户的好奇或共鸣，作为一名销售员，你一定要多看报，因为报纸上有许多丰富的话题。

推销员永远是和人打交道，而不是与电脑或其他什么机器打交道。聪明的推销员会审时度势，从对方意想不到的角度谈话，从而引起客户对产品的兴趣。

3. 兴趣

人们通常都愿意聊及自己的兴趣，因此，兴趣也是你与客户聊天的一个好话题，与客户聊起兴趣时，必须与客户同一步调，也就是说不要批评客户的嗜好。例如，不能说："哎呀，我觉得钓鱼不好，只有那些糟老头子才喜欢钓鱼。"而应该说："钓鱼不错，可以修身养性、陶冶情操，还能在大自然中呼吸新鲜空气，对身心都很好啊！"

当然，能带动谈话气氛的话题还有很多。我们需要事先了解客户，并在交谈中细心观察，学会与客户谈话。在客户意犹未尽的情况下，往往能顺利进入推销阶段。

总之，很多情况下，商业上的成功之道不是刻意推销，而是打动人心。学会与客户聊聊他感兴趣的话题，赢得客户的好感，这是催眠式销售也是成功推销产品的精髓。

谈谈自己的经历，拉近彼此的距离

作为推销员，我们都知道，在向客户推销的过程中，客户是心存芥蒂的，他们认为推销员只是为了推销产品，获得利益，他们甚至吃过推销员的亏。因此，如果我们一味地向客户推销，有时非但不能打动客户，反而会加重客户的疑心，而如果我们能体会客户的情感，谈谈自己的经历，那么往往能成功催眠客户、解除客户的防备意识，进而成功推销的。

一般来说，成功的推销员都具有非凡的亲和力，他们似乎具有某种魔力，容易博取客户对他们的信赖，他们非常容易让客户喜欢他们，接受他们。换句话说，他们会很容易跟客户成为最好的朋友。其实，这源自于他们深谙从友情的角度催眠客户，他们先与客户建立友谊再推销。的确，就我们自身而言，我们也喜欢从我们所喜欢、所接受、所信赖的人那里购买东西，我们喜欢从与我们具有友谊基础的人那里购买东西，因为那会让我们觉得放心。所以一个销售员是否能够很快地同客户建立起很好的友情基础，与他的业绩有着绝对的关系。

推销大师乔·吉拉德有过这样一次推销经历：

有一天，乔·吉拉德的车行里来了一对夫妇，乔立即迎出来接待他们。

“你们好，选中自己喜欢的车了吗？”在对方在车行看了一会儿后，乔热情而礼貌地上前询问道。

“你这里的车不错，不过我们还得考虑考虑。”

其实，当客户说出这句话的时候，乔已经判断出了客户的心理，于是，乔准备再试探一下。

“你们知道吗？我跟我太太也和你们两位一样。”

“一样？是吗？应该不会吧？”他们说。很明显，他们产生了兴趣。

乔·吉拉德说：“我们家每次在准备添置某些大件之前，我都要和太太谋划半天，常常是思虑再三，生怕买了不好的产品，花了冤枉钱，怕自己对产品了解得不够而上了推销员的当。也正因为我知道消费者在购买产品时有这一担心，所以我在作销售时，从不让我的客户感受到任何强迫，我要给客户充分的考虑时间。说实话，如果不这样，我宁可不和你们做生意。当然，请别误会，我真的很想同你们合作，但对我来说，更重要的是，你们在离开时能够有一种好心情、好感觉。”

“先生，很高兴您能这么想，谁说不是呢？谁都希望买到放心的产品。不错，我们从不向那种企图强求的推销员购买任何东西。”那对夫妇说。

乔·吉拉德接着说：“讲得对，我很高兴听你们这样讲，我请求两位花点时间，好好想一想。要是需要我的话，请叫我一声，我随时恭候。”然后，乔·吉拉德就回到他自己的办公室，静静地等待。

当然，乔·吉拉德知道“想一想”的含义对他们来说不会仅仅是几分钟，而可能是好几天，而自己却不能放走这么好的机会。于是10多分钟后，乔·吉拉德回来，若无其事地对他们说：“我有一些好消息要告诉两位，我刚刚得知我们的服务部最迟今天下午就能把你们的车预备好。”

“我们想明天再来。”

“明天？”乔·吉拉德笑了笑，“今天能做的事最好不要拖到明天，如果你们确实拿不定主意的话，可以多方面考虑考虑，我看两位都是利索的人，很快就会下决定的，对不对？”

其实，如果是真心购买的客户，今天买和明天买的确没什么区别，所以，当乔·吉拉德利用“今日事，今日毕”的说辞营销时，成交也就是顺理成章的了。

他们夫妇二人也的确是当即拍了板，“好吧，我们现在就买了。”

推托是人的普遍特征，推销员在工作过程中经常会碰到这样的情况，如果缺乏技巧，那推销成功的概率就变得非常渺茫；而如果能像吉拉德这样巧妙地引导，就会有所斩获。其实，吉拉德之所以能成功推销，是因为他在整个销售过程中都运用催眠技巧逐步引导客户，他将情感引入到销售中，通过这一方法，他几乎攻克了任何销售问题。

同样，你也可以通过这种方法，让客户依赖你、喜欢你、接受你，当客户对你产生依赖性，喜欢或接受你这个人的时候，自然也会比较容易接受和喜欢你的产品。一个被我们所接受、喜欢或依赖的人，通常对我们的影响力和说服力也较大。亲和力的建立是人与人之间的影响及说服能力发挥的最根本条件，亲和力之于人际关系的建立和影响力的发挥，就如同盖大楼之前需先打好地基的重要性是一样的。所以，学习如何以有效的方式和他人建立良好的亲和力，是一个优秀的销售人员不可或缺的能力。

那么，作为推销员，我们在推销的过程中，可以谈及自己哪方面的经历呢？

1. 和客户谈谈自己曾经被骗的经历

通常来说，我们在购买某些产品时，都或多或少会因为粗心大意被一些巧舌如簧的推销员欺骗过，而这些经历，我们的客户也肯定有过。我们如果能将这些经历拿出来和客户分享一下，那么，不仅能和客户找到共同话题，还能引起客户的共鸣；而同时，也会赢得客户的信任。

2. 与客户聊聊自己在销售过程中的“光荣事迹”

如果你告诉你的客户，你曾经帮助其他客户解决某些难题，或者做了某些好人好事等，那么，势必会让你的客户对你刮目相看，其对你的信任度也会大大增加；但前提是，你所说的每一个“事迹”都必须是真实的。

当然，这里，推销员可以与客户分享的经历并不只有以上两种，凡是能起到打动和催眠客户的目的的经历，都可以拿来为我们所用！

说真诚的话，让客户看到你的责任心

在销售的过程中，了解客户的购买心理，从而站在客户的角度介绍产品，这是催眠式销售成功的重要一关。有人说，销售是一场斗智斗勇的活动，自始至终，销售员与客户都在打心理战，而客户都希望为自己推荐产品的销售人员是个有责任心的人。作为销售人员，如果我们能抓住客户的这一心理，把话说到客户心坎里，就能让客户燃起购买的欲望。

小丽是一家保险公司的销售员，她的销售业绩一直在公司排第一，这与她总是对客户知冷知暖有很大的关系。因为她总是对客户负责，每当她的客户发生意外时，她都会在第一时间拜访对方。

有一次，她的一名客户在自家门前的巷子里被人抢劫了，被抢了几千块钱的现金，还有手机、首饰。这位客户在小丽手中买过一份人寿保险，但没有买财产保险。这次客户发生这样的事情，小丽担心客户的财产受到很大的损失。因为她知道客户没有买财产保险，这次遭抢一定让这位客户压力重重。

小丽赶紧拜访这位客户，一见面她就问道："你没事吧？"

接着又说第二个问题："您有什么重大损失吗？"

第三句话是："都怪我不好，当时没有坚持请您购买财产保险，以致今天我不能帮您减少损失，为您分担经济压力，我今天只能为您分担精神压力。"

第四句话是："面对您的遭遇和处境，我非常焦急，也非常心痛，我会尽我所能为您提供帮助。"

小丽的几句话让客户很感动，在接下来的一段时间内，小丽经常去客户家里陪她聊天，安慰她，并为其量身定做了一份财产保险。最后，在不到半年时间内，这位客户购买了这份财产保险。

案例中的小丽是一位优秀的销售员，因为她用自己的责任心成功催眠和说服了客户。整个销售过程，她都能做到从客户的角度出发考虑问题，对客户负责。的确，只有让客户感受到你是个有极强的责任心的人，他才会放心购买产品；也只有这样，客户才可能不断与你合作。

责任心决定了一个人处世的态度，更决定了一个人做事的高度。销售中也一样，一个尽职尽责的销售员不仅可以获得客户和领导的信任，也会有较好的销售业绩。一个有责任心的销售人员会千方百计地去实现自己的发展，而一个没有责任心的销售人员则会得过且过，最终将自己的命运断送在自己手中，正如足球行业中的一句话所说："态度决定一切。"用在销售人员身上则是：责任决定态度，态度决定一切。

这就告诉销售员，在销售的过程中，展现强烈的责任心是绝佳的催眠客户的方法。那么，我们该怎样向客户表露真诚，让客户看到我们的责任心呢？对此，我们可以掌握以下几点催眠策略：

1. 心理置换，多从客户的角度说话

人与人之间的情感要达到一种共鸣，就必须要做到倾听，然后认同。唯有认同，才能拉近人与人之间的距离，才能成功催眠对方，达成目的。

销售中，销售人员若能从对方的立场出发，认同客户的感受，就会站在双方共同的利益上客观地审视双方面临的问题，然后和客户协商，达成交易。认同客户的异议，这是成功催眠客户的开始。

2. 多提产品优点，让客户看到利益和实惠

这种方法的好处就是通过强调推销的产品带给客户的利益和实惠，来化解对方在价格上提出的不同意见。

比如，在推销生产用品时，销售人员应重点说明自己的产品在节约原材料、降低能耗、提高劳动生产率、使用寿命长、维修费用低等方面的优势，以求消除对方在价格上的顾虑。因为上述这些方面是工业企业谋求生存与发展的重要因素，所以工业客户购买产品时最关心这些方面。而商业客户采购货物时，注

重的是产品是否畅销、销售利润是否可观。因此对产品的要求是“优、多、新”，即质量优、功能多、品种新，因为只有这样的产品才能畅销，才能令其获得更多的销售利润。

3. 分析产品的优势所在

针对客户提出的问题，分析产品的优势所在。例如：

“我们一直都在报纸上刊登广告，我们还是比较满意目前的这家报纸，不瞒你说，你们这个版面收费太高。”

“张经理，您是知道的，我们这个版面费是标准版费，同行业都是这个标准，而且我们报纸的发行量也是非常大的。您在其他小报上做几个广告，这些小报合起来的发行量还不如我们一家报社，费用却高多了，您说是吧？”

4. 真正关心客户的利益，让客户体谅你的用心

我们若想让客户满意，进而让其购买，就不要为了推销而推销，而要真正用你的关心催眠、打动对方，并从这一点出发，充分挖掘客户的购买需求甚至是隐藏的需求，并努力降低客户需求中的成本耗费，从而最终使产品符合并超越客户期望。

为此，我们必须从客户的角度来推销，并要注意一些细节，要尽量在每一个细节上做到让客户满意，如果我们的服务超出了客户的预期，就会打动客户的心，使客户的满意度提升为对产品和服务的忠诚度。比如，我们可以这样告诉客户：“我觉得这款贵的 ×× 反倒不适合您，您没必要花那么多钱买它。”而当客户体谅到你的用心后，也会更加信任你，并把周围的朋友介绍给你。

总之，客户都希望购买放心的产品，都希望购买产品的售后有保障，更欣赏那些有责任心的销售人员，为此，我们可以说，站在客户的角度、为客户的利益考虑，是催眠式销售成功的必杀技之一。

自己人效应：多表达和客户的相似性

心理学上有个自己人效应，说的是，如果是自己喜欢的人说的，接受起来就比较快和容易；如果是自己讨厌的人说的，就会本能地加以抵制。有道是："是自己人，什么都好说；不是自己人，一切按规矩来。"而从催眠式销售的角度来说，面对心存戒备的客户，我们不妨做个"热身运动"，向对方表达与之共同的爱好、兴趣或者价值观等，那么，便更容易获得他的好感，接下来的交流也就顺畅得多。

我们先来看看下面的销售故事：

琪琪是一名华裔美国人，供职于纽约的一家大银行。有一次，经理告诉她，让她准备一份有关某金融机构的秘密文件。琪琪了解到，只有一个人掌握着她所急需的情报，这个人就是某大公司的总经理。于是，琪琪前去拜访他。

当琪琪好不容易说服了秘书答应为其引见时，秘书却很为难地说："他正在收集邮票。可是今天他没收集到，他很沮丧。"

琪琪说明了来意，开始提问。但那位总经理总显得心不在焉，根本无心对琪琪透露半点情报。琪琪愁眉苦脸地离开后，绞尽脑汁地想知道如何能够得到那些情报，突然，她想起一件事，自己的儿子不是也在收集吗？要是拿新推出的某个玩具和他换，应该不是问题。

果然，她的儿子答应了和母亲作这笔"交易"。

第二天下午，琪琪带着邮票去拜访那位总经理。总经理满脸喜悦地接待了琪琪，接下来的一小时，他们都在谈论邮票。之后，总经理主动把他所知道的都告诉了琪琪并把自己拥有的文件资料都给了琪琪。

这则案例中，琪琪是如何成功地对这位总经理实施催眠式销售的？很简单，因为邮票，琪琪带着收集的邮票与其交谈表明：他们有共同的爱好——收集邮票；而且，对方也很感激琪琪能忍痛割爱，自然也就愿意帮助琪琪。

那么，根据“自己人效应”，我们该如何制造与客户的共同点，从而制造一种心理情境呢?

1. 察言观色，寻找共同点

人们的内心世界，包括其精神追求、爱好、生活品质等，都或多或少地会在他们的谈吐、举止、服饰或者表情等方面表现出来，只要你留心，就能察觉到这一点。

当然，这察言观色发现的东西，也要与自己的爱好兴趣结合起来，只有对于自己感兴趣的内容，才能娓娓道来、打破沉寂；否则，即使发现了共同点，也依旧无话可讲，或讲一两句就“卡壳”，或“对牛弹琴”，更别指望打动交谈对方。

2. 揣摩谈话，探索共同点

为了发现陌生客户同自己的共同点，可以在同客户谈话时留心分析、揣摩。比如，你发现客户和你讲共同的家乡话，你便可以以此为突破口，以乡音带动对方的谈话兴趣。

其次，寻找时机，恰到好处地向对方出示自己根据“名片”打造出的形象，这样，你就可以达到目标。

3. 多关心对方，从细节入手

要知道，认同感的产生，表明你已经赢得了客户的好感。通常情况下，如果你将这种好感搁浅，你们会返回到陌生人的状态，因此，你不妨多关心对方，这种关系自然会深化。

表示对别人关心的方法很多，其中，记住对方曾经说过的话，然后向对方表示“您曾说过……”，是一种相当好的方法。可能有些人会问，这是为什么呢?其实，很简单，重复对方的话，表明你很在意对方的感受，听进去了他的想法。而不断地称呼对方的名字，往往会使刚认识的人产生彼此已经认识了很久的错觉。另外，记住他的爱好，并时常提及一下，也会让他欣喜万分。

4. 多强调你们之间的共同爱好和兴趣

若与客户有共同点，就算再细微的也要强调，人与人之间一旦有了共同点，就可以很快地消除彼此间的陌生感，产生亲近的感觉。这样不但可以使对方感到轻松，同时也具有使对方说出真心话的作用。

如果客户喜欢集邮，那么你可以对客户说："我对邮票也非常有兴趣，可是一直不知道如何收集和分类，您能给我一些好的建议么？"如果客户的兴趣是打高尔夫球，你就要设法去了解高尔夫球的打法，以及对方喜欢跟什么样的人打球等。如此一来，当你再跟客户沟通时就不怕没有话题，也比较容易和客户拉近关系。

现代催眠心理学认为，人们都希望他人接受自己的意见和想法，我们的客户也是。面对陌生的销售人员，客户难免会心存芥蒂，假如我们先不谈销售，而与客户多谈谈共同的爱好兴趣，往往能拉近与客户的距离。

随时恭候，"客户"需要你的时候及时出现

"客户就是上帝"，这是从事销售行业的任何人都熟知的一句话，对于还未成交的客户，他们可能并不会购买我们的产品，但我们绝不能区别对待。事实上，对于这类潜在客户，是催眠式销售中我们更应该重视和用心对待的群体。俗话说，人心换人心。其实，在客户和销售员之间也是这样的。销售员对客户有几分真心，客户也会相应地回报几分。所以，销售员要想获得客户的认可和关照，就要在任何时候都对客户做到"随时恭候"，让客户体会到我们的用心。

小周是一家食品公司的业务专员，他是个很细心的年轻人。他热爱销售工

作，总是一心扑在工作上，业绩突出，但是一直没女朋友。一些爱开玩笑的同事称他之所以会有这样好的业绩，是因为他把客户当成自己的女朋友一样地对待，事实上，也的确如此。

一天傍晚，小周跟客户约好了在郊外的一个度假村商量产品买卖事宜，谈完业务之后，小周和客户都离开了度假村，各自回家了。谁知二人分别之后，不到 10 分钟，天上突然下起了大雨。小周由于经常四处奔波，所以包里总是放着一把伞。可是那个客户平时都是开车出门，没有这个习惯。

当小周想到这里的时候，赶紧给客户打了个电话，正如小周所料，客户被困在半路上的一个小卖部里，小周得知这个消息后，冒着大雨，打着伞亲自前往，把客户送到了家里。而小周因为用伞护着客户，自己的半个身子被淋透了。

事实上，那天的合作由于价格的问题没有谈下来。可是小周把客户送到家之后，客户二话没说，立即让小周拿出合同签了，而且从那以后，客户和小周成了无话不谈的朋友。在后来的合作中，客户还给小周介绍了不少的新客户呢。

从上面的案例可以了解到，业务员小周之所以能成功签单，就是因为他用细心打动了客户。可见，在客户需要帮助的时候及时出现，是一种绝妙的催眠技巧。

的确，客户需要销售员用心去接触。而现实销售中，一些销售员看重的只是合作，他们也只是把客户当成业绩的源头和合作的对象。为了达成协议，他们用尽浑身解数，只要合作完了，就再也没有联系。销售员这么定位客户，客户自然也会把销售员仅当作合作者而已。而如果销售员们都能和案例中的这位小周一样，随时都为客户考虑，为客户鞍前马后，尤其在客户需要你的时候及时出现，那么客户自然也会把你当成亲密的朋友一样对待。

那么，在与客户打交道的过程中，我们该如何运用对客户的“随时恭候”来影响和催眠客户呢？

1. 与客户约会时，宜早不宜迟

我们都知道，男女约会，如果男方迟到，那么，女方一定不高兴，正确的做法是男方先于女方出现，这样女朋友才会高兴，才会觉得男方对她是真心的。和客户约定之后，也是一样的，销售员千万不能迟到，也要早到，耐心地等待客户。自己多等一会儿没关系，千万别让客户等你。如果你迟到了，或者让客户等你，那么这个单子十有八九拿不下来，因为你让客户觉得自己根本不受重视。

2. 客户有需要时一定要随叫随到

销售员是客户的服务者，如果客户对产品有什么疑问或者是想法，第一时间找的就是销售员。这时候，销售员不管是否上班、是否在忙，都要在第一时间赶到客户跟前，为客户解决疑问，帮助客户处理问题。只有这样，客户才会觉得销售员是认真负责的，彼此之间才会有一个长期合作和发展的关系。

3. 承诺客户的事情一定要做到

与人交往，一定要做到一言九鼎，只有这样，才能让对方觉得你值得信任。和客户交往也是一样的，承诺客户的事情一定要做到，如果因为这样那样的原因，而最终食言了，那么客户对你的信任就会大打折扣。这就给以后的继续合作和交流埋下了心理隐患。所以，销售员要尽量履行对客户的承诺。如果因为客观原因而无法做到，那么也要向客户诚挚地道歉，以获得客户的谅解。

4. 合作结束后，关心一定要时时到

即使与客户的合作关系结束，销售员也要时常关心客户，让客户感受到你的那份真诚和关怀。这样一来，客户就会被你的真心所感动，就算是在售后过程中出现了一些无伤大雅的小问题，客户也不会给你添麻烦。事实上也只有这样，客户才会跟你有一个长期的合作关系。所以，销售员千万不要吝啬自己的关怀，时不时地打个电话，或者发个短信，询问一下产品的使用情况，让客户听到你的声音，从而常常记着你。这样，你不仅能做到很好地维护与现在客户的关系，当客户对你的人品以及产品都认可的时候，也会为你介绍更多的新客户。

总之，销售人员若想成功地将产品推销出去，就要以情动人，用你的真情催眠客户，用你的关心俘获客户的心。不要吝啬你的关心，不要吝啬你对客户小小的帮助，让准客户随时感受到你的存在，自然会信任于你！

第6章

催眠式销售绝技之五：提问，提问有助于了解客户的真实心理

提问在催眠式销售的过程中是必不可少的一个环节，通过提问，可以摸清客户的真实需求；通过提问，可以引导客户透露出自己的真实意向；通过提问，可以准确地表达自己的想法，也可以启发客户思考，从而带动客户产生购买兴趣；提问还可以打破销售过程中的冷场，激起客户的说话欲望，从而令双方继续交谈……总之，在催眠式销售中，我们只有巧妙地提出问题，才能够引导客户的思维，才能让客户进入到我们设定的心理情境中，将沟通导向自己所希望的那种结果，最终达成交易。

善用提问，摸清客户的真实想法

在销售中，是否能在一开始就引起客户的兴趣，是催眠式销售能否取得成效的关键。这其中需要销售人员善加引导，而聪明的销售员懂得巧妙地提出问题，从而在开始就了解到客户的真实想法，并引导客户的思维跟着自己的导向走。催眠式销售并不是上演一场场独角戏，而是你来我往的相互交流，提出相应的问题，这样才能引导谈话对象去仔细地思考，然后说出他的意见与看法。

小张是一名电脑推销员，一次，在向某公司的领导推销电脑时，他很好地充当了顾问的角色。

“上次，您谈到电脑的性能可以满足 3 ~ 5 年的需求。这怎么理解呢？”

“使用寿命短，更新太快，是笔记本的最大缺陷，我们希望笔记本电脑能够用得久一点。”

“确实是这样。我记得几年以前，电脑的主频只有 200 多兆，现在的主频已经到了 3.0 G，是以前的十多倍。您觉得电脑使用时间的主要瓶颈在哪里？或者说三五年以后，笔记本的哪些配置会成为使用的障碍？”

“我想听听你在这方面的看法。”

“您看看我这几年用电脑的情况就知道了。我也是前几年买的电脑，但现在的问题是，配置不够高，造成了这几年总是要升级硬盘。事实上，考虑到内存的升级最容易而且价格下降较多，内存现在只要够用就行了，以后可以很方便地升级。为了能够使您的电脑用得时间长一些，我觉得您应该在 CPU 的主频和硬盘方面的配置高一些，显示屏应该使用 19 英寸的，这样在几年之内都会是顶级配置。”

“你建议的配置呢？”

“您也知道，现在的科技技术发展太快了，以前的奔四马上就要停产了，现在生产的电脑 CPU 有酷睿双核、弈龙和一些四核高端产品。而且 Intel 的 CPU 最近会降阶，我建议您采用 E5300 的 CPU。您使用的数据量很大，考虑到以后升级硬盘时要淘汰现有的硬盘，所以我建议您这次的硬盘配到 1TB。内存就使用 2GB 就可以了，屏幕选择 19 英寸的屏幕。”

“有道理，我就按照你的建议买吧。”

在这场催眠式销售的案例中，小张对客户的巧妙提问，摸透了客户的需要，有利于他正确地向客户介绍产品和推销产品，从而使得后面的销售工作容易得多。

事实上，任何一场完整的催眠式销售活动，都少不了提问，善于提问的销售员，更容易在一开始就把握客户的心理，摸清对方的需要，了解对方的购买意向和购买能力；同时，在开场的时候，更能带动客户的思维，启发客户思考，把销售的主导权一步步引向有利于自己的一方。此外，提问也能打破销售开场的瓶颈，消除客户的防御意识，从而打开销售局面。可见，提问是推进和促成交易的有效工具，它决定着谈话、辩论或论证的方向。

销售员在销售开场的时候，要想掌握整个交谈局面，就要学会设计一些问题，这样，你才能做到引导整个销售进程，让客户接受催眠和引导，才可以找出客户的兴趣、问题、烦恼等。总之，销售人员可以将客户的注意力引到对自己有利的重要事项上来，以便在一开始就把控交谈的主方向。

在催眠式销售的开始阶段，了解客户的真实想法很重要，这就少不了提问。比如，你可以通过以下方式对客户进行询问：“……就是说，是否……”（话锋一转，向客户提出一个关键性的问题，以便引导他进一步表示意见或发言。）“……你的问题是不是就在这里？”（迫使客户下结论，或者使他重新考虑。）

在提问后，客户也许并不能立即明白地说出他的疑问。这时销售人员应采用正确的提问方法，找到症结所在，然后再“对症下药”。

在向客户提问的过程中，要求销售人员要善于运用提问的技巧，通过不断地向客户提问，了解客户真实的需求，确保客户清楚你所讲的内容。

1. 询问客户的需求和观点

只有提问，才能摸清客户的真实想法，才能对客户对症下药，才能使销售有一个好的开始。

2. 适当提答案为“是”或“否”的问句

要确定客户有某一个需要，你应该把客户的需要函括在提问当中（运用反映需要的言辞），引出“是”或“否”的回答。

例如：

客户：“我们现在用的笔记本电脑，它的电池使用时间太短，好几次都在紧要关头没电了。”

推销员：“所以您希望电池的使用时间长些，对吗？”（用选择式询问确定需要）

客户：“是。”

3. 尊重客户

“我这样讲清楚吗？”

“你了解我的意思吗？”

“怎么还不明白！”

在上面三句话中，很明显第一句是最好的，它暗示着：如果客户没有搞懂，那是销售人员没有讲清楚，是销售人员的责任。第三句在你的销售过程当中是一定要避免的，因为客户会认为销售人员在贬低、嘲笑他的智商，这样只会引起客户的反感。

巧妙提问，让客户跟着你的思维走

任何一位销售精英都明白催眠式销售的根本方法是为客户制造一种心境情景，让客户接受我们的引导和影响，最终接纳我们的产品；而催眠式销售的秘诀在于找到客户内心最强烈的需要。但现实情况是，客户对我们心存芥蒂，他们是不可能自报家门，将内心的真实想法全部透露给我们的，那么我们怎样才能找到客户内心那些不愿外露的需求呢？其中一个重要的方法就是提问法，提问不但能令我们找到客户内心的需求，还能帮助我们掌控整个销售局势，让客户跟着我们的思维走，最终走进我们设定的情境中。

约翰有一家自己的公司，他的公司专为其他公司提供销售人员和管理人员。在一个星期五的下午，他和他的老同学有一个约会，那天天气很热，当他到达约会地点的时候，发现自己早到了 20 分钟。为了不让这 20 分钟的时间白白浪费掉，他决定找个客户进行推销。

约翰到了一家规模比较大的汽车销售店，并走了进去。

“你们老板在吗？”他问销售员。

“不在。”

约翰并不退缩，又问道：“如果在的话，他会在什么地方呢？”

“在大街对面。”

约翰走到街对面，在接待室他问：“你们老板在吗？”

“嗯，他在，在他办公室里。”接待小姐说。

当时那位老板正在和销售经理商量事情，约翰走进他的办公室，问道：“作为贵公司的老板，您大概总是在想办法增加销售额吧？”

“年轻人，你没看见我正在忙吗？今天是星期五，又是吃午餐的时候，你为什么在这样的时间拜访我？”

约翰满怀信心地盯着对方说："您真的想知道吗？"

"当然，我想知道。"

"好吧，我是刚从雷丁乘车过来的，我有个约会是下午2点，有20分钟的空闲时间，因此，我想利用这短暂的时间来访问。"稍作停顿后，约翰又压低声音问："贵公司大概没有把这种做法教给销售员吧？"

那位老板听到约翰的问话后，绷着脸看了销售经理一眼。过了一会儿，老板微笑着对约翰说："多亏你，年轻人，请坐吧。"

这则案例中，约翰之所以能在20分钟内成功让客户接受自己的催眠，得到客户的认可，正是因为他抓住了一个商人的心理特点，从对方关心的问题——销售额上入手，并以此设置悬念，引导客户回答出"当然，我想知道"，从而抓住了客户的好奇心，让客户跟着自己的思维走。

在销售过程中，任何一位销售员只有掌控整个谈话的局势，才能引导客户跟着你的思维走，接纳你的催眠，最终实现成交。而聪明的销售员都会在交谈之初用提问的方式来吸引客户的注意力，具体来说，他们会这样做：

1. 询问客户

销售员在沟通中，只有了解客户在意什么、不在意什么，才能做到有的放矢地沟通。而事实上，有些销售员却忽视了这一点，总是只顾自己讲，而不明白客户的真实想法，最终导致沟通方向与客户期望的方向背道而驰。那么，怎么才能解决这一问题呢？唯有询问！询问可以令销售员更好地控制谈话的进程，更大程度地调动客户的兴趣和积极性。询问还可以使销售员得到更多的信息，这些信息都对促成交易有利。

当销售员向客户解释一段后，就应该对客户进行询问，看他听进去了多少，听明白了多少，他的看法如何。这时，销售员应该问："关于这一点，你清楚了吗？"或者："您觉得怎么样？"这样就给客户提供了一个说明他的想法的机会。

2. 确定客户需求后，要及时将话题转移到销售上

在确定了客户的需求之后，虽然销售人员可以针对这些需求与客户进行交流，但是这还达不到销售沟通的目的，这就需要销售人员巧妙地将话题从客户需求转到销售沟通的核心问题上。例如：

3. 有所避忌，有些问题不可问

在和客户谈话的时候，有的东西是需要特别注意的：

不要问及对方的花费，比方说别人衣饰的价钱、送礼的价值以及请客所花的费用，这会让人觉得你触及他的经济能力或者怀疑他送礼的心意；

不可以问女子的年龄（除非她是 6 岁或 60 岁左右的时候）；

不可问别人的收入；

不可详问别人的家世；

不可问别人用钱的方法；

不可问别人工作上的机密。

“己所不欲，勿施于人”，凡是你不想让人知道的事，你也应该避免询问对方，谈话的目的在于引起对方的兴趣，而不是使任何一方没趣。能令对方滔滔不绝，是你的说话本领，也是你增广见闻的方式。

向客户提问的七种方式

在催眠式销售的过程中，最重要的就是销售人员的口才，但此口才并不是人们常常认为的口若悬河、滔滔不绝，而是要讲究引导技巧，让客户进入我们设定的心理情境中。其实，在销售的过程中，免不了要提问，作为一名销售员，你首先要敢于提问，如果一味地介绍和推销，只会打消客户的积极性和兴趣，

甚至导致客户丧失原本的购买欲望。其次，销售员要善于提问，提问的方法有多种，销售员需要根据具体的销售情境，采取不同的提问方式，如果不着边际地提问，很容易让客户摸不着头脑，甚至对销售员产生反感。总之，销售员要消除客户的异议，就需要掌握正确的提问方式，抓住客户的真正的需求，有的放矢地提问，这样才能消除客户的异议，将客户的需求转化为真正的购买行动，从而成功销售。

一家大公司的推销员到一所学校里去推销计算机，他问学校教师："现在学校都搞现代化教学，都配备了计算机，是吗？"

教师："是的。"

于是推销员顺理成章地开始推销他的计算机。

在催眠式销售的过程中，合适的提问是必要的，提问能带动客户的思维，让客户进入到我们设置的心理情境中，从而产生购买的欲望。在销售过程中，销售人员的提问方式有以下几种：

1. 主动性提问

主动性提问指的是在介绍完产品后，销售员对客户的感受直接提出的疑问，目的是得到客户的反馈意见。一般来说，只要销售员注意自己的说话方式，客户都会直接、正面回答这些提问，比如：

销售员可以直接问客户："这款手机的颜色是最新的流行色，不知道您喜不喜欢？"如果客户说他不太喜欢，那么"症结"就已经找到了。

2. 重复性提问

也就是重复客户的疑问，从而肯定客户的观点，容易让客户产生认同感。

例如，当客户对你的产品服务产生不满时，你可以问："你是说你对我们所提供的服务不太满意？"

那么，这一提问方式有什么好处呢？第一，能起到对客户言论的确定作用，避免理解错误；第二，起到缓冲问题的作用，销售员可以借此机会想出解决的对策；第三，这类问题还可以用来减弱客户的气愤、厌烦等情绪化行为。

3. 指向性提问

例如：“你们一般都买哪个品牌的化妆品？”“你们每年花在旅游上的经费大概是多少呢？”

这种提问的方式的不足之处在于，只能询问出客户愿意公开的问题，也就是不能深入提问，但好处是，客户一般都乐意回答。

4. 细节性提问

这类提问的作用是，可以使得客户进一步表明自己的观点或者不满，方便了解购买中产生异议的原因，比如，当客户只说出对产品不满时，你可以问：“请告诉我您对产品哪里不满意，好吗？”

5. 建议性提问

销售员应该提醒客户，在购买产品后会得到某些利益和好处，并提出一些良好的建议。客户在经过思考后，如果能对你的意见产生认同感，一般都会购买产品。

比如，奶粉推销员可以这样推销：“请问您是为一岁以下的婴儿买奶粉呢还是为一岁以上的孩子买呢？如果是一岁以下的婴儿，我建议您……如果是……”短短的一个问题，会让客户感觉到你的贴心，也会让客户感觉到你的专业，令你赢得客户的信任和认同，从而给客户留下良好而又深刻的印象。

6. 选择性提问

这种提问方式，需要销售员对可能产生异议的几种问题进行分类，不能遗漏任何可能性的问题，这样才能让客户自己从中选择一个或几个。

例如，推销员可以问客户：“您好，我们的产品有哪些问题让您觉得不太符合您的需要呢？是样式、体积、重量还是口味……”

7. 结论性提问

这种提问是根据客户的观点或存在的问题，推导出相应的结论或指出问题的后果，诱发出客户对产品的需求。这类提问通常使用在评价性问题和损害性问题之后。

但销售人员需要注意的是，在使用这些方式提问时，对客户要表现出关心，语气不可太生硬。

对不同性情的顾客提问

在催眠式销售中，引导客户、与客户沟通，提问要比讲述好。但要提出有分量的问题并非易事，因为不同的客户有不同的性情，为此，我们在对客户提问前，有必要先了解客户的性格特征，从而对症下药、巧妙提问。

门铃响了，一个“衣冠楚楚”的人站在大门的台阶上，男主人是个不爱说话的人，当他把门打开时，这个人问道：“家里有高级的食品搅拌器吗？”男主人怔住了。这突然的一问使主人不知怎样回答才好。他转过脸来和夫人商量，夫人有点窘迫但又好奇地答道：“我们家有一个食品搅拌器，不过不是特别高级的。”推销员回答说：“我这里有一个高级的。”说着，他从提包里掏出一个高级食品搅拌器。

接着，不言而喻，这对夫妇接受了他的推销。假如这个推销员改一下说话方式，一开口就说：“我是 × 公司推销员，我来是想问一下你们是否愿意购买一个新型食品搅拌器。”你想一想，这种说话的推销效果会如何呢?

案例中的推销员是聪明的，面对相对内向和腼腆的夫妇，他采用的方式就是单刀直入的提问方法，极富杀伤力地“俘获”了客户的心，成功地实现了催眠客户的目的。

在现实的催眠式销售过程中，我们遇到的客户，可以分为以下几种类型，而对于不同类别的客户，也有不同的催眠技巧，具体来说，可以进行以下划分：

1. 争论型

这些客户一般比较聒噪，他们甚至会出言不逊，比如：“搞销售的不就是骗子嘛，要点嘴皮子就想挣钱？”面对这种情况，恐怕很多销售员都会招架不住，有的只好放弃；而有的销售员则会为了与客户争出个胜负来，使出浑身解数与客户争论，其实，这种做法是无意义的。聪明人的做法是设置悬念，吸引客户的注意，引发客户的兴趣，而无疑，发问是最好的方式。比如，你可以对客户说：“请您给我十分钟的时间，我想您应该有兴趣听听如何使得产品的生产效率提高百分之三十吧！”此时，客户就会产生一连串的疑问——他怎么可能会做到将生产效率提高百分之三十？为什么不让他试试呢？于是，销售员的心理策略就成功了。

诱发好奇心的提问方法与耍花招不可同日而语，耍花招迟早会被客户识破，以致计划落空，流失客户的同时还使得自己留下不好的名声。

2. 性急型

这类客户在最终购买时总是拿不定主意，他们总是看周围的人采取什么措施，因此，这类客户经常会因为销售人员的一个激将的方式而最终拿定主意购买。其实，这类客户只要销售员稍微采取一点小“手段”，就很好搞定。

3. 挑剔型

这类客户其实对产品的各项性能和指标都有所了解，如果他们没有较大的反对意见，一般他们都会购买，只是会一直对产品挑三拣四。对于这类客户，销售员要顺着他的牢骚和不满接话，先回答一系列的“是”，让客户暂时平息脾气，等拿下订单，你就成功了。

4. 多疑型

有些客户在购买产品的时候，总是疑神疑鬼的，其实，他们有购买欲望，但就是无法下定决心购买。对于这类客户，销售员要尽量拿出可以让客户信得过的证据，如此，客户的异议自然会消失。

5. 内向型

这类客户，正和案例中的夫妇一样，他们容易相信销售员的催眠话语，一般比较“通情达理”，只要产品不存在什么问题，只要销售员能为他们提供保质保量的服务，客户一般都会购买。通常情况下，这类客户是最容易拿下的客户。

总之，在具体的提问客户的过程中，需要我们做到到什么山唱什么歌，不可眉毛胡子一把抓，我们只有做到这一点，才能有的放矢，成功引导和催眠客户，达成销售目标。

第7章

催眠式销售绝技之六：把握人性，找到销售心理突破点

我们都知道，催眠式销售的主要目标就是通过影响客户心理，让客户进入到我们所设定的销售氛围中，以此实现购买。而要想达到这一目标，我们要做到针对不同客户，对症下药。的确，作为销售员，我们每天都会遇到各种各样的客户。即使我们的销售经验再丰富，也还是会因为这些难缠的客户而头疼。然而，我们忽略的一点是，客户也是人，也有人性共同的特征，只要我们懂得把握人性，找到客户的心理突破点，就能做到对症下药、审时度势，巧妙地化解客户的疑问，就能顺利拿下客户，做成生意。

情感型客户，要以情动人

在现代产品营销中，随着消费品市场的扩大和客户对产品知识的充盈，客户逐渐趋于理性；但也有一些感性的客户，他们在购买产品的时候，更多考虑到的是感性因素。“动人心者，莫先乎情”，与冷冰冰的销售言辞来相比，热情、充满关爱的关怀有时更容易打动这些感性的客户。因此，作为推销员，我们与其煞费苦心地劝说客户购买，倒不如用温情来催眠打动客户。但要做到这一点，还需要我们推销员善于在推销工作中讨巧煽情。

珍妮是一名优秀的房地产促销员，很多客户购买了她所推销的房子后，仍然与她保持着密切的关系，有的甚至还成了她的朋友，并帮她做生意。她为什么能获得如此成功呢？

原来，珍妮在进行推销的过程中，不只是单纯地向客户推销房子，而是“送温暖到家”，真诚地帮助每一位客户，帮助他们解决生活中的麻烦。比如，她会经常给自己的客户打电话嘘寒问暖，定期到客户家中拜访，询问他们房子的使用状况。如果出现什么问题，她会及时帮助客户解决物业纠纷。此外，当她的客户乔迁新居后，她还会准备一份精美的礼物登门拜访，安排新住户加入当地的居民俱乐部，帮助他们融入全新的生活环境。珍妮的热情和细心，让她的客户们感动不已。于是，那些她服务过的客户，都会热心地把自己需要买房的亲戚朋友介绍给她。就这样，珍妮的口碑越来越好，业务也就越来越兴旺。

人们在需要他人帮助的时候，是最容易感动的，这就是珍妮雪中送炭产生的效用。当这些客户受到感动后，与推销员珍妮的关系也由单纯的业务关系上升到朋友关系，自然也就愿意帮助珍妮。可见，与人为善，营造温情的氛围是一种良好的催眠技巧，能帮助你敲开客户的心灵。

我们都知道，催眠式销售过程中，最重要的是对客户的引导，那么，销售人员该怎样运用温情引导情感型客户呢？

1. 不要急于谈生意

客户也是人，也会受情感的左右，尤其是那些感性的客户。所以，在接近客户之初，不要急于谈生意，而应先与客户寻找共同感兴趣的话题，这样，在不做生意只谈感情的前提之下，可以和客户取得心灵的共通，博得相互之间的认同。“先做朋友，后做生意”，既然彼此成为朋友了，那么对于客户来说，跟自己熟悉的朋友合作，自然要比跟陌生的人合作更加放心了。只要和客户做成了朋友，那么你的单子自然很快就签下来了。

2. 理解客户的情感，说话时以情动人

销售员应以朋友的心态来面对每一个客户，多站在客户角度想想，考虑一下客户的利益以及客户的想法，积极倾听他们的想法。可能客户一次两次不能接受我们，但只要我们是真诚的，想必第三次就能打动他了，真心付出总会有收获的。

3. 用行动来打动客户

用情感打动客户，还需要我们用具体行动来证明，比如，在客户最无助的时候及时出现、帮客户解决某些生活中的难题、为客户做些举手之劳的小事等。只要让客户真正感受到我们送去的温暖，那么客户自然愿意对我们打开心扉！

4. 雪中送炭，为客户排忧解难

日本著名的保险销售能人山田正皓有一次去拜访一位老客户——一家房地产公司的总裁。他到达客户的办公室时，正巧遇到这位总裁的一个朋友为了不知如何运用一块闲置的土地而发愁。他立刻为其介绍了一家专门建设出租公寓的建筑公司。还有一次，他主动撮合一家电视公司与另一家电脑软件公司的负责人认识，目的就是助他们一臂之力。

总之，尽管销售员和客户之间存在着利益关系，但是这种利益关系并不是赤裸裸的金钱交易，其中还包含着人与人之间的温暖和真情。对于那些感性的客户，销售员更要懂得关心他们的生活，关注他们身边发生的事情。这样，你就会在无形之中渗透到客户的生活中去，客户也自然会进入到你所设定的友情氛围中，进而接纳你和你的产品。

销售型客户，说话时销售痕迹不能太重

销售过程中，我们经常会遇到一些客户，他们总是喋喋不休地说个不停，甚至颠倒了销售员与客户在销售过程中的位置，销售人员只有“听”话而没有“说”话的份。即使是对那些富有经验的销售人员而言，也会觉得他们很难缠，因为自己的思维需要跟着他们走。有时候，他们的思维过程要360度大转弯：高兴起来滔滔不绝，你花费的时间会比预计的长很多；不高兴的时候更是唠叨个不停；倘若在他们兴头上打断他们的话题，就会被认为服务不好。总之，这样的客户很是令销售员头疼。

这种客户就是我们平时所说的“销售型客户”。对于催眠式销售而言，遇到这样的客户，难免会让我们引导沟通过程的难度加大，为此，一些销售员会表现出不耐烦的情绪，他们也不愿花费时间与这类客户周旋，于是，他们一般会直入主题——销售。但这样应对，则显得过于功利化，也会赶走客户。那么，我们该如何应对这类客户呢?

某品牌皮具专卖店内，来了一位客户。

客户：“这款包包多少钱？”

销售员笑着说："498 元。这是我们今年推出的新款，这两天刚刚到货。"

客户："498 元？也太贵了。不就是一个小包吗？怎么会这么贵，你不要以为我们消费者都是睁眼瞎，这个包最多也就百八十块。人家和你们同档次的包都在打折呢！"

销售员："就知道您是识货人，一眼就看上了这款包。的确，我们这款包看上去有点贵，也没打折。是的。如果是我也会觉得有点贵。不过话说回来，如果您经常用它，您绝对会觉得物超所值。这款包集合了今年的最新时尚元素，款式新颖，面料也相当好。498 元您绝对不会买贵。"

客户："这包的面料是什么做的？怎么摸起来不像是真皮啊？"

销售员："您放心，这绝对是纯皮的，我们是专卖店，不可能用假的来欺骗顾客，因为面料经过特殊处理，所以看起来和那种皮革有点不一样；但正是因为这样，这种皮今年特别流行。您可以试试……"

客户："好吧，你拿下来我看看，不过不一定买。"

客户拿在手里试完后。

销售员："您看，这款包太显您的气质了。现代女性买包，已经不单单是为了装东西，更是为了彰显个性和气质，这款包再适合不过您了，也很配您今天这身衣服。"

客户："嗯，是挺好的，我在 ×× 品牌那里看中了一款，价格比你们便宜不少，也是今年的新款，但是感觉很普通。那就拿这款吧。对了，你们这儿售后有保证吗？如果包包有问题可以换吗？"

销售员："可以的。这个您完全可以放心，您一周之内都是随时可以调换的。"

我们发现，案例中的这位客户就是典型的销售型客户，表面上看，她似乎懂得很多，比如，她认为产品价格不合理、质地有问题等，但很明显，她只不过是个外行。而聪明的销售员则顺利引导其进入了购买的心理情境中，因为他虽然看出了客户是个外行，但还是不露痕迹地继续与其周旋，逐一解决客户的疑虑，引导其决定购买。

一般来说，遇到“销售型”客户，常有一些销售员会感到力不从心，无论是维护谈话气氛还是买卖双方的关系，都需要销售员作出更多的努力。有些时候，销售员还会发现，虽然在这样的客户身上耽误了很多时间，但是最终毫无成果，甚至其滔滔不绝的语言还有可能无形中破坏了自己的其他生意。然而尽管如此，如果我们能做到耐下心来，逐步引导、催眠，这类客户也并不是不能对付。

在具体销售过程中，要想让“销售型”的客户成为最终的买家，销售员应该怎么样应对呢?

1. 保持耐性，多听少说

这类客户一般很爱表现自己，他们自以为对产品很了解，有时会不着边际地表明自己的看法。面对这类客户，如果我们与其争销售中的主导地位，那么，就会让客户觉得你是在反驳他，一旦失去了说的兴致，他们对你的产品的热情也就冷却了。

而相反，如果我们懂得倾听，不仅能表现出对他们的尊重，还能从他们大篇幅的语言中找出一些有利于销售的主题。

因此，在与“销售型”客户的对话中，销售员需要及时提取对方的谈话信息，并找出其中对自己销售有价值的部分，做到善于倾听、善于思考。

2. 抓住有利于销售的任何机会

无论怎样，我们最终的目的都是成功推销出产品，一切的交谈最终都要回归到这个主题上。无论购买什么，这类客户总是会提出更多的问题。这里，我们一定要善于抓住那些有利于自己的机会，这样才能更容易掌握主动权，更容易获得销售的成功。

比如，当客户谈及产品的某一功能时，我们就可以借助这一谈话机会，将产品的其他方面的卖点介绍给客户，让客户感觉到无论是在价值还是价格上都很合理。无论怎样，只要销售员抓住客户语言中那些对促进销售有利的话题，并适度地展开，对客户加以引导，那么，想要获得销售成功也就变得更加容易了。

实践证明，在催眠式销售活动中，越是不露销售痕迹，成功的概率越是大。尤其是面对这类“销售型”客户时，让他们在不经意间对我们的产品产生认同感，是我们成功催眠客户和将产品推销出去的最可靠保证。

冲动好胜型客户，激将法助你降服

销售过程中，我们经常遇到这类客户，他们性格外向、好胜冲动，而在最终购买时却总是拿不定主意，他们总是看周围的人采取什么措施，但这类客户经常会因为销售人员的一个激将的方式而最终下定决心购买。其实，只要销售员稍微采取一点小的催眠“手段”，这类客户就很好搞定。不过，使用激将法刺激这类客户的好胜心，其实是存在风险的，因为一不小心，就可能踩到客户的雷区，让客户的自尊心受到伤害。因此，销售员使用这种方法时，一定要把握好分寸，别弄得适得其反。

丽丽是一家商场女鞋某专柜的销售人员，一天，有位年轻时尚的小姐一边打电话一边走过来，丽丽细心听了下：“怎么可能，以我赵倩在公司的地位，就这点小事我办不到？你就等着看吧！”根据丽丽多年的看人经验，她判断出这位女顾客应该是个冲动好胜型的人。

过了一会儿，这位女顾客结束了电话，把手机放到包里，眼光停在了货柜上的一款新式皮鞋上。但她只是站在柜台前反反复复地看，问一些无关紧要的问题。很明显，她很喜欢这款新式皮鞋，却又因为价格太贵而犹豫不决。

丽丽当然捕捉到了她的这种心理，于是上前问道：“如果这双鞋的价格不能令您满意的话，您是否愿意再看看别的？”

没想到，听了售货员的话后，这位女顾客却表情坚定地买下了这双皮鞋。

案例中的女售货员丽丽是个深谙催眠技术的销售人员，她的问话看似很简单，其中却藏有很深的奥妙。从女顾客的电话中，她判断出女顾客应该是个好胜冲动的人，所以，当她发现女顾客因为价格的问题而犹豫时，便采用了激将这一催眠技巧，激发了这位女顾客的好胜心，继而成功地销售出了这双皮鞋。

所以，巧妙地利用好胜冲动之人的心理特点，有的放矢，是催眠式销售中的一个极佳的技巧，为此，销售员需要注意以下三点：

1. 大庭广众下，激将法催眠这类客户更易成功

这类客户害怕失面子的心理，在人多的时候体现得尤为明显。谁也不想让自己在众目睽睽之下丢了面子。因此，在人多的场合，销售员不妨用激将法来对付那些过于挑剔的客户，让他们在不情愿和不乐意的情况下，一边嘴里说着不好，一边掏钱购买。

2. 尊重客户，不能伤害到客户的感情

如果在上例中，售货员对那位犹豫不决的小姐说：“要买就买，买不起就别看了，看你这身穿着也不像能买得起的人。”那么，恐怕那位小姐不仅不会购买，还会与销售员理论一番，因为这位销售员这样说明显伤害了客户的自尊心，这与激发客户的好胜心的初衷是完全相悖的。

现实销售中，有些销售员采用贬低、瞧不起的口气去激发客户的好胜心，很明显，这是不对的，往往只能收到事与愿违的效果。

3. 激将法的目的是让客户摆脱犹豫，但要注意陷阱

曾经有位推销员去一家纺织厂推销名牌毛衣。这家纺织厂基本上都是女工，女人都比较爱美，于是，一群工人围过来看。其中有个很爱说话的女孩子一摸这毛衣，就说质量很差，并说价格太贵了。没想到这位推销员好像不怎么会说话，挖苦那个女孩说：“看您穿这身衣服，就知道是买地摊货的人，恐怕一件卖给

你 10 块，你都买不起！”这个女孩平时大大咧咧，但这时，确实自尊心被伤到了，于是，她对周围的姐妹们说：“你们做证，他卖我 10 块一件，我全包了！”销售员一听，只好灰溜溜地跑了。

销售员挖苦客户，结果“搬起石头砸了自己的脚”，让自己下不来台，恐怕这位销售员在那个工厂再也没有市场了。他的这种做法不计后果，把他以后的推销之路全都堵死了。

所以，“激将法”在催眠式销售中的使用也是存在很大的风险的，弄巧成拙是常有的事，因此，销售员一定要注意自己的态度，不要伤及客户的面子和自尊。

爱慕虚荣型客户，灌点蜜语甜汤催眠他

我们在从事销售工作中，会遇到这样一类客户，无论销售员说什么，他们都显出一副不可一世的神态，并表现得比销售员更专业，希望销售员能聆听自己的教导，这类客户就是爱面子的人。面对这类客户，底气不足的销售员通常不知所措，不敢继续接待；也有些销售员，为了证明自己，与客户进行一番理论，而到最后，不仅让生意白白溜走，还让自己乃至公司的形象受损。其实，对于这类客户，如果我们能放低姿态，给其灌下“蜜语甜汤”，满足其虚荣心，是能顺利引导对方进入我们为其设定的心理情境中去的，如此，销售也会顺利进行。

小陈是一家皮具公司的销售员。一天，店里来了一位男客户，这位客户在店内看了几眼后，眼光停在了一条皮带上。这时，小陈走过去。

销售员：“您好，先生，来选购皮带吗？”

客户："我自己看看。"

销售员："先生，我们是国际品牌专柜，以您的气质来说这里的皮带都比较适合。"

客户："你们是国际品牌？"

销售员："对，我们的皮具是意大利品牌，在款式和材料上都走欧美风。"

客户："什么国际品牌？你以为我不知道，我也有一个朋友做这行，业内人都知道，这只不过是挂了一个意大利的牌子而已，其实，都是国内的产品。"

陈丽一听，知道遇到内行了，她立刻改变策略，恭维道："您真行！这么内幕的事都能知道，跟您相比，我们真是井底之蛙了。不过不管怎样，我们的产品质量还是得到认可的。您说，是吗？"

客户："这倒也是实话。"

销售员："那先生，您觉得我们的产品还存在哪些不足呢？"

客户："其实，你们的产品也不错，只是我觉得作为男士专用皮具，在原料供应上，你们更应该做到精心地挑选，尽量选择那些质地优良的，才能做出高品质的皮具，才能做出档次，走出国门，成为名牌。"

销售员："您说得太有道理了，我们老板也一直叮嘱生产部门，要注意这些。对了，您今天有看上的皮带吗？"

客户："这条还行吧。"

销售员："先生，您的眼光真的不错，您看上的这条皮带，它有个好处就是，无论您配什么衣服，都会搭配得很好，因为它的颜色很中和；而且，今天您也很幸运，我们这里所有的皮具都打六折。你可以试一下，来体验一下实际效果。"

客户："嗯，行吧，我试试看，好看就买了。"

最后，这位客户痛快地购买了这条皮带。客户离开前，销售员陈丽还不忘恭维道："以后，您可要常来为我们的工作作指导啊！"

我们发现，案例中的皮具销售员小陈是精明的，在她向客户推荐产品遭拒后，她便立即改变策略，改用恭维这一催眠方式。事实证明，这位客户确实是爱慕虚荣型客户，小陈的这种催眠技巧也起到了作用，最后，客户心甘情愿地购买了产品。

西方有句格言："请用花一样的语言说话。"面对这类爱面子的客户，如果我们以说教的方式劝客户购买，恐怕是不起作用的。如果你想获得成功，就不妨多说些甜言蜜语，使你的语言像花一样绽放，让客户心情愉悦起来，令其与你进行一个很好的交流，为销售成功奠定一个好的基础。

那么，在催眠式销售的过程中，如果遇到这类爱面子的客户，我们该如何催眠感化他们呢?

1. 准确、快速判断出客户的特性

这类客户，一般在销售伊始就表现出主动的姿态，他们会对销售员的服务态度、专业水平或者产品性能等方面提出很多的要求等。对此，在进行正式的销售前，我们一定要善于察言观色，基本摸清客户的特性，进而揣摩他们的心理、特点和利益需求，这样才能在说话的时候能很好地对症下药，准确地找出应对策略。

2. 放低姿态，多讨教

这类客户在与销售人员交谈时，要么对销售员的推荐默许地点头，偶尔针对不足之处作善意的更正；要么是急于表现自己，不等销售员开口，就喋喋不休地向销售员传授专业知识，对于销售员推荐的不足之处，会无情地指出，使销售员下不了台。因此，销售员可以降低姿态，以讨教的语气与其交流，利用他们好胜的心理来促成销售。

3. 多说恭维话催眠他

与这类客户交谈，我们不妨对他们的专业知识和渊博的学识表现出敬佩的样子，这不仅能让他们狂妄的心理得到满足，也会让他们为了表现自己而乐意向销售员传授更多知识。

总之，作为销售员，我们要记住，成功销售出产品才是我们的终极目的，不管客户自我感觉如何优越，只要我们能迎合其心理，逐步引导和催眠，就一定能达成目的！

寡言型客户，如何打开他的口

很多销售经验告诉我们，与那些难缠、异议不断的客户比较，和那些不言不语的客户打交道更难。这类客户，无论对商品是否满意，他们总是习惯保留自己的意见。而客户不开口，我们就无法了解到他内心的真实想法，也就无法在沟通中引导客户，让客户接受我们的催眠，催眠式销售的进程也就无法推进。

但对于精明的销售员来说，无论客户怎么不善言谈，怎么保留自己的意见，他们总是能找到突破口来催眠和感化他，从而挖掘出有利于销售的信息。当然，销售员想要让不言不语的客户开口，并且说出自己的需求，不仅需要掌握专业知识，还需要具备良好的催眠技巧。只有从寡言的客户那里得到足够的有效信息，才能最终获得销售的成功。

一位衣着朴素的老年人走进一家工艺品商店，老爷爷的年纪看起来有七十来岁，老人在一个漂亮的音乐盒面前停了下来，看了又看。

销售员："老爷爷，你想买点什么啊？"

客户："……"

销售员："您是喜欢这个音乐盒吗？"

客户："嗯，喜欢。"

销售员："喜欢就买回去吧。"

客户："……"（走到另一件工艺品面前驻足）

销售员：“这个也很漂亮。你想选一个礼物对吗？”

客户：“嗯……”

销售员：“想送给谁呢？”

客户：“想送给老伴儿，明天是我们结婚五十周年纪念日。”

销售员：“是吗？您老伴儿真是幸福，有这么贴心的丈夫，真是让人羡慕。你刚才看的那个八音盒就很适合啊。你看，它打开之后是爱神丘比特。如果你送给老伴儿,她一定非常喜欢。而且我可以免费给你做一个漂亮的包装,你看好吗？”

客户：“真的适合吗？”

销售员：“这里你还有更加喜欢的是吗？没关系，你选择任何一个都可以免费给你做漂亮的包装。”

客户：“我还是喜欢那个音乐盒。”

销售员：“我也看它最合适了，那么我们就把它打包装好吗？”

客户：“嗯。”

情景中的老年人是比较沉默的，想给老伴儿买礼物，但可能由于性格关系，不怎么爱说话。但销售员依然将产品卖出去了。销售员之所以能做到，是由于她具备良好的观察能力和思考能力，抓住了老年人的购买心理，继而逐步引导对方做出购买决定。

有些人说，最难的就是和沉默寡言型的人打交道，在销售过程中亦是如此。因为这些人性格内敛，不善言谈，所以销售员很难从交谈中获知客户的信息，无论对商品是否满意，他们总是习惯保留自己的意见。表面上看，和这样的客户打交道，销售员更容易掌握交谈的主动权，实则销售员更像是在唱独角戏。

那么，要想引导寡言型客户开口，以此获得足够的信息，需要我们销售员怎样做呢？

1. 始终保持热情、诚恳的态度

销售员的热情，就像一团火，无论内心多么冷淡的客户，在销售员的热情面前，都会被催眠和感染。销售行业，热情就是销售员获取销售成功的法宝。

因此，在与这类不言不语的客户交谈时，销售员要始终保持语言、神情和目光的真诚，并始终保持微笑。当你自始至终地与其热情、真诚地交谈后，你就一定能在客户的心里留下好的印象；不论谈话是否取得实质性的改变，都会对你以后的销售工作有所帮助。

2. 努力营造适合客户的谈话情境

销售员并不是在任何时候都要表现自己的口才，与沉默寡言的客户交谈时，就是如此。俗话说：物以类聚，人以群分。对于那些不善于言谈的人来说，往往更喜欢与一些性格相似的人展开对话。对于不善言谈的客户，销售员要学会适当地适应他们的谈话方式，不要用销售员惯有的善谈破坏谈话氛围。比如，客户在选购商品时，销售员最好不要滔滔不绝地作介绍，而是要结合客户的身体语言和简单的话语，有针对性地为其介绍产品。

3. 努力引导客户开口

再优秀、聪明的销售员在与客户沟通的时候，只凭举止、眼神、表情等方面获取其购买商品意向的相关信息，往往还是不够直观，甚至会得出错误的分析结果，出现判断错误的尴尬。所以，销售员不仅要善于观察，还要善于调动客户的积极性，促使客户打开“话匣子”，让客户主动开口说话。当然，鼓励客户开口需要我们具备良好的沟通能力，热情、真诚地与客户沟通，并极力营造一种轻松的谈话氛围，让客户觉得是在和自己的老朋友交谈。

总之，当在销售中遇到那些一言不发、面无表情的客户时，我们不仅需要观察客户，通过非语言的形式了解客户的内心，更要特别注重与客户的沟通，想方设法借助提问或者拉近心理关系的方式，将客户引导到适合沟通的情境中去，以便充分了解客户；一旦客户被激发起了谈话的热情，愿意参与到谈话中来，那么销售员要展开催眠式销售的工作就比较容易了。

第8章

催眠式销售绝技之七：引导，催眠式销售的目的就是让客户进入你的圈套

现实的工作中，我们发现，有这样一些销售员，他们似乎具有一种神奇的本领，他们只需要一句话、一个动作，或者一点点的演技，就会令客户遵从着他们的意愿去购买产品。其实，这是因为他们懂得心理引导的技巧，引导是心理催眠术的重要方法，是基于对客户的购买心理的掌握之上的，是一服猛药。如果你也想成为一个能操控客户心理的销售，不妨从掌握一些基本的引导技巧开始吧！

催眠式引导，让客户在开始时就说“是”

在销售过程中，相信不少销售人员都发现，很多情况下，我们苦口婆心地劝说客户购买，并不能起到作用；而如果我们能运用催眠式销售，对客户循循善诱，让对方自己产生一种“心理认同感”，让其自己得出结论，往往比我们巧舌如簧的劝解更有效。而在此之前，需要我们加以引导，让客户在开始时就说“是”，这样，占尽先机的交涉也就尽在我们的掌握之中了。可见，在整个交涉过程中，心理催眠贯穿其中，掌握一定的催眠技巧，才能把握整个引导方向，使自己立于不败之地。

小李是一家电子产品公司的销售员，为了能实现公司电话软件销售的工作，小李前去拜访一家科贸公司的总经理。这家公司“财大气粗”，人脉广泛。但在沟通的过程中，科贸公司的经理提出了不同看法：

客户：“到现在为止，所有厂商的报价都太高了。”

销售员：“所有的报价都太高了？真的是这样吗？”

客户：“是的。”

销售员：“不过，我想您应该不会反对我与您进一步展开合作吧？”

客户：“反对倒还不至于。”

销售员：“那么如果我们有机会再次合作，难道您不觉得我们可以帮助您建立更广泛的客户群吗？”

客户：“恩，很有可能。”

销售员：“您想我们平时买质量优质的手机和传真机，都是为了拥有更好的通话质量，对吗？如果我们的产品通过与您的合作被更多人所使用，那么那些受益者第一个想到的就是贵公司的名字对吗？”

客户：“恩，那倒是这么回事。”

销售员：“所以您不反对我们通过和你的合作可以帮助更多人建立起一套更实用的电话系统，是吗？”

客户：“是。”

很明显，小李与客户实现成交的方式就是通过催眠技巧的运用，一步步地反问，然后将主题引到销售上来。让客户一直未对产品说一个“不”字，小李这样做的好处是有利于掌握谈话主动权，控制整个销售进程，进而可以让整个销售工作带引到自己所希望的情况上来。

事实上，如果销售员在销售开始时就把产品的卖点亮出来，让客户主动说“是”，认可自己的产品，那么，对于产品存在的某些无关紧要的小缺点，客户也就不在意了。

那么，我们该怎样做才能让客户在一开始就说“是”呢？

1. 让客户承认产品的优点

每个产品都有自己的优势和缺点，销售员应抓住自己产品的优势，将优势展示在客户面前。

2. 把客户顾虑的问题主动说出口

小齐是一名供暖设备的推销员。一次，他要将一批供暖设备推销给某假日酒店，客户对他的产品很感兴趣，但到最后，却并没有如他预料中那样顺利地成交。小齐知道问题出在了价格上，于是，他主动提出：“王总，我明白，可能您觉得我们的产品贵了些，这一点，我也承认。但在刚才我给您演示产品的过程中，您也看到了，我们的设备完全是一套节能环保设备，甚至可以变废为宝，这是其他任何供暖设备所不能做到的，这会为贵酒店带来很多可观的收益……”小齐说完后，对方连连点头，最后顺利签了约。

这则销售案例中，销售员小齐之所以能成功说服客户购买，就在于他能在客户提出价格异议前，主动告诉客户产品“贵”的原因。这样，客户就会打消“购买产品会吃亏”的疑虑，自然会选择购买。

3. 巧妙地告诉一些产品无关紧要的不足

我们给客户吃定心丸，告诉客户产品的某些缺陷和不足，也是讲究技巧的。告诉客户产品真实的情况，也并不是说，销售员要将所售产品的问题简单地罗列在客户面前。如果销售员冒冒失失地将产品的某些缺陷告诉客户，客户可能会因为接受不了这些缺陷而放弃购买。如果销售员掌握一定的技巧，不仅可以赢得客户的信赖，而且可以更有效地说服客户，使客户产生更加积极的反应。比如，你可以转移话题，告诉客户产品其他方面的优点。许多时候，当你运用恰当的技巧诚恳地解释清楚个中原委时，明理的客户非但不会产生负面情绪，反倒会被你的诚实可信所打动。

4. 给客户一个购买的理由

人们无论做什么事情，都是需要理由的，客户购买产品，也是为了达到某种目的。因此，销售员在说服客户的过程中，一定要把握客户的心理，抓住客户的内心需求，然后从客户的需求出发，寻找共同话题，巧妙地将话题从客户需求转到销售中来，给客户一个实实在在的购买理由，这样一来，客户想不购买都难。否则，即使你费尽口舌，也无法与客户内心真正的诉求点吻合，那么你所做的任何工作都是多余的。

总之，销售过程中，最具说服力的催眠技巧无非是让客户自己承认产品的优良、服务的到位等，让客户在拒绝之前先说“是”，这样才能有效地将客户的拒绝遏制住。

巧妙引导，把握整个谈话的方向

我们都知道，催眠心理学的重要内容就是引导客户，使其接受我们的催眠，而这需要我们掌握一定的语言技巧。因此，在与客户交谈时能够控制整个局面，带动整个谈话方向，这也是优秀推销员必备的素质。

1975 年，著名推销高手、畅销书作家罗伯特・舒克通过电话与“肯德基家乡鸡”的创始人——哈南・桑德斯上校约定了一个会面时间，准备访问他，以作为撰写《完全承诺》一书的资料。当时，桑德斯已经 85 岁高龄了，他答应去路易维尔机场接舒克，然后两人一起到上校家畅谈。

飞机准时到达路易维尔机场，舒克走向机场正门，一眼就认出了大名鼎鼎的桑德斯上校，因为他早已在肯德基餐厅门口见过桑德斯的塑像。他热情地向上校打招呼，并伸出了手，但是上校却悲叹着说：“今天没办法接受你的访问了，我在冰上跌倒，脑袋撞个正着。”

“桑德斯先生，我真的很高兴看到你，”舒克完全无视桑德斯要取消访问的话，“我实在很抱歉，听到你受伤了。”

“今天早上，我在冰上滑倒，头上一大片瘀青，”上校继续说，“我没办法通知你说我要取消这次访问。我也不想留你在机场干等，而我却没有出现。所以我在前去看医生的途中先到这里见你。”

“没有关系，上校，”舒克仍然忽略对方要取消访问的事实。他可没有忘记自己大老远跑过来的目的是什么，因此他要赶紧想办法达到自己的目的。

“哎哟，好大的一块瘀青！”舒克看到上校的后脑勺上有一块明显的肿块。“我们走吧，当医生替你包扎好，我们就到你的地方去。”

他完全不给上校任何说话的机会，马上转向上校的司机：“车子停在哪里？”

“就在那里。”

“我们走吧，”舒克边说边向车走去，“我们必须先送上校去看医生。”

上校和司机主动地跟在舒克身后，一行三人便开车往诊所的方向驶去。在医生为上校的头部稍作处理后，舒克和上校就开始了他们的访问工作。结果，他们都度过了愉快的一天。

这里，原本由桑德斯上校掌控的整个谈话大局一下子转变为由罗伯特·舒克掌控，从而令舒克达成了访问的目的。

的确，在销售和推销过程中，意外事件简直是防不胜防的。但是千万不要泄气，不要灰心，一定要牢记你的目的，带动整个谈话的方向，一切言行从对方利益出发，提出方案后，立即行动，主动、积极地去扭转、控制整个谈话局面。

那么，销售人员在催眠式销售的过程中，该怎样套出客户的内心想法，并予以解决，从而把控整个谈话方向呢?

1. 巧用心理暗示

现代催眠学中，暗示法的运用是必学内容，同样，我们也可以将其运用到催眠式销售中的引导客户上。销售员在对客户的购买能力等情况进行一番了解后，不妨对客户进行心理暗示：“夫人，您要是为您的孩子购买一架钢琴的话，周末的午后，您的家里飘荡起您孩子优美的钢琴声，不失为一种情趣啊！”

另外，销售员在对客户进行一番暗示后，不能急于让客户对是否购买产品表态，因为客户需要一些时间思考。销售员要让这一暗示真正地进入客户的头脑，渗透到其思想深处，进入其潜意识。利用这些方法给客户一些暗示，客户的态度就会积极起来，等到进入推销过程中时，客户虽对你的暗示仍有印象，但已不太留意了。当你稍后再试探客户的购买意愿时，他可能会再度想起那个暗示，而且会认为这是自己思考得来的呢!

2. 引出客户的真心话

很多销售员，自己在电话这头热情洋溢地陈述自己的产品，客户那头却以“考虑看看”为由挂断电话。虽然客户这样说，但销售员要明白，客户并不是真的要考虑，而是已经拒绝了你的推销。在这种情况下，倘若推销员认为客户目前还需要时间来考虑是否购买这一问题，打算日后再来听取佳音，就未免太过天真了！要处理这种状况是有点棘手，因为客户会说出这句话，多半是在推销员已经作了相当多的说明后，就算勉强再运用其他拒绝语言处理，效果也不会很好。

即使客户之前一直表示赞同，但是面临重要关头却又退缩，此时重提此事也只会增加客户的厌恶。所以，必须改变一下方式，从另一个角度去引出客户真正的想法，比如，“我是很想买，但是缴费负担太重”，若能让客户说出类似的真心话，就有希望进一步促成交易。

所以，推销员要懂得调适自己的心态，要有“被拒绝是当然的事”的心理准备。被拒绝对于销售员来说，是再正常不过的事，不能惧怕被拒绝，要坚强地面对客户的拒绝，引导客户说出真心话。

利益引导法，利用客户爱占便宜的心理催眠他

我们都知道，人们购买产品时，在产品价值不变的情况下，都希望价格越低廉越好，或者得到的额外利益越多越好，这就是爱占便宜的心理。因此，如果我们能抓住客户的这一共有心理，那么，即使客户拒绝够买产品，我们也可以通过多制造一些诱惑条件，来催眠客户，进而化解其拒绝，实现成交。

刘阳是北京某大学大二的学生，这年寒假回到老家后，他想利用假期的时间，锻炼一下自己，于是他在某超市当起了促销员。

这天下午，来了一位四十多岁的中年男人，想要买小白兔的奶糖，问了问价格，觉得有点贵，于是对旁边的刘阳说：“能不能便宜一些啊，我要得不少呢！”

刘阳为难地说道："我们超市上面都是有定价的，总部定的价格就是固定的价格，我也想给你便宜，但是便宜之后，我们就要把差价补起来。您看这样行不？如果你能买二十斤以上的话，我们就会赠送您一个可爱的新年兔。"

中年男人听了，说："你们也不容易，我买东西，不能让你们付钱啊！来吧，帮我称上二十斤吧！"

这则案例中，促销员刘阳在客户要求降价的情况下，向客户传达了自己的难处，表明对于商品价格自己并不能做主，并且，他还提出在客户购买一定数量的情况下可以向客户赠送小礼物。这样，客户自然能理解销售员的苦衷，所以不再挑剔价格，一下子买了二十斤的货物。可见，利用客户爱占便宜的心理进行心理催眠，能达到很好的引导效果。

的确，每个人都有贪小便宜的心理，很少人会拒绝免费的东西。可能我们经常会遇到这样的场景：一件外套卖 80 块钱，一条裤子卖 80 块钱，客户觉得价格贵了，但如果我们告诉客户，若是他买一件外套和一条裤子，就可以以 150 块钱买走，那么客户就会想，如果单件买就会多花 10 块钱，如果组合买就能节省 10 块钱。这白白节省的 10 块钱对于爱占便宜的客户来说具有很大的诱惑力；而对于商家来说，并没有吃亏。为什么客户愿意以几乎多一倍的价钱买走两件商品？这是客户爱便宜的心理在起作用，捆绑销售的催眠策略给了他们一种心理错觉。

所以，销售中，如果我们能掌握客户的这一心理，与客户交谈，想方设法地给客户这种占了便宜的感觉，成功催眠客户，那么成交的可能性将大大增加。

那么，如何才能让客户理解销售员，并满足客户的想占便宜的心理，以达到双赢呢？总的说来，可以用以下几个方面的催眠策略：

1. 突出商品的优势

在销售中，很多客户会提出你的商品比别的商家的贵。这种时候，我们可以对同类产品进行优势对比，突出自己在品质、性能、声誉、设计、服务等方面的优势，让客户知道“贵有贵的理由”。人们不是常说“不怕不识货，就怕货比货”吗？在对比当中，客户一目了然，自然会选择物有所值的产品。

2. 适当采取点措施满足客户爱占便宜的心理

每个人都有贪小便宜的心理，很少人会拒绝免费的东西。在很多情形下，客户想得到一点优惠，占点小便宜，更多的不是功利上的考虑，而是占到“小便宜”后喜悦轻快的好心情。针对这种客户，通常可先给予小礼物，满足对方这种心理，客户有了占便宜的感觉，就容易接受你的催眠和引导，进而愿意购买。

（1）提供价格优惠

我们会发现一个奇怪的现象，真正销路好的产品，往往不是那些价格昂贵的名牌，也不是那些价格低廉的产品，而是那些大搞优惠、特价的商品。其实，这就是商家在利用客户爱占便宜的心理。因为促销、优惠的产品都有一个原价，客户自然会把原价和现价进行对比，这样，他自己也会得出一个结果：优惠并不是天天有，我很走运。即使那些客户根本就不需要这些促销的产品，他们也会冲着产品价格上的优惠选择购买；并且，他们会在心里告诉自己：总有一天，我会用得着它的。

（2）发挥赠品的作用

在某科技产品卖场内，有一家小店的生意格外红火，不断吸引着前来购买电脑的客户。进店的客户，一看到杂乱的店面，准备扭头就走。可是，当他们看到货架上陈列的一些小家居用品之后，就停下了脚步。的确，那些从这家小店购买电脑的客户都满脸喜气，并拿着店主赠送的小礼物。而实际上，这家店主并不会主动送东西给客户，而是等着客户看中后提出要求时，店主才非常“慷慨”地满足客户的要求。在这种情况下，这些买电脑的客户反而觉得是自己占到了便宜。

总之，客户最关心的永远是利益问题，给足客户诱惑的条件，往往能化解客户的拒绝，让客户产生及时购买的欲望，但销售人员要注意：

①注意自己的说话态度和表达方式，不要因为客户的预算不够而中伤客户，更不能伤害客户的自尊。

②要耐得住性子。很多客户在最终购买前，总会有很多问题，当我们为客户逐一解决这些问题后，生意也就做成了，千万不能心急。

将痛苦放大，催眠客户不购买将要遭受的痛苦

人们买东西，正是因为有心理的需求。搞销售的，就是要把人们的那种需求明显化，然后表现出来，说服客户相信你所供应的产品或服务是物超所值的，这样往往能起到催眠的作用，赢得客户的心。

我们先来举一个例子：当我们走在沙漠里的时候，如果水用完了，太阳非常毒辣，我们的嘴巴快要冒烟了，这个时候有人过来卖水，哪怕矿泉水是一千元一瓶，我们也会花钱买下。这个时候，那不仅仅是一瓶水，而是救命的东西，它的价值远远超过一千元一瓶。同样，在催眠式销售的过程中，仅让客户发现问题是不够的，还要告诉他如果这个问题不解决会导致什么样的后果，招致多大的损失，而且必须得到客户的认同。也就是说，要努力催眠客户，为客户制造痛苦，痛苦感越强，产品在客户眼里的价值就越高，就如同将客户放在沙漠里，你再卖给他水一样，这样矿泉水才会值钱。毕竟，人们首先要消除痛苦，其次才是追求快乐。产品销售的好坏，完全取决于客户感觉到的痛苦程度。

如果销售业绩不佳，一定是因为销售人员“好的没说好，坏的没说坏”，所以就不上不下，与客户的关系就不冷不热，最后业绩也做得没什么起色。

李女士和丈夫小两口各办了一家企业。当卖保险的销售员小张去他们家拜访时，李女士接待了他。

李女士："您好！小张，我们一家人都很认可你这个人，你确实很优秀，不过我不得不告诉你，经过我们一家人的商量，还是决定不买保险了。"

小张："你能告诉我为什么不买吗？"

李女士："因为没必要啊。"

小张："怎么会没必要呢？"

李女士："你可能不知道，我以前是个购物狂，为此，花了很多钱。后来，我养成了一个习惯，在购买之前，都有一个习惯，当我决定哪个东西可买或可不买时，会问自己一个问题，问完之后，我就决定买与不买了。"

小张："关于保险的事，你是怎么问的呢？"

李女士："有一回我去国际商城看到了一个路易威登的包，好几万一个啊！这是一款新上市的包，其实，我不是买不起，你知道，可是，我的包已经很多了。那天，当我准备付款时，我一路在问我自己，不买会死吗？我得出的结论是，不会死。有别的东西代替吗？当然有。这次买保险，我同样这样问自己。小张我问你，你让我买保险，如果我不买保险，难道会死吗？"

小张："谢谢您提醒我，李姐。这一点我知道，没有谁会说不买保险会死，但是，死的时候会很惨。当然不是你死得很惨，而是那些依靠你的人会很惨。因为你死了以后，他们悲痛万分。你是什么都不需要了，但是活着的人呢？他们万事艰难，需要很多东西，到那个时候你能够给他们的保障是什么？只有保险是唯一的以一换百的保障方法，没有任何代替品！"

最后，沿着这条思路，经过一番对话后，李女士终于在保险单上签下了自己和家人的名字。

情景中的小张抓住了客户这样的心理：掏钱购买产品会心痛，但只有两分痛。如果不买这件产品所造成的后果有八分痛，那么客户一定会选择购买。在这样的心理催眠下，客户自然会选择购买。

接下来，我们再看看下面的实验：

家里的挂钟，12 点跑到了 3 点的位置，怎么看怎么别扭，即使够不着，也要垫个凳子上去把它扶正。其实，绝大多数人碰上这种情况，都会马上去把它扶正，而且是不用别人提醒的。同样的道理，在进行销售时，当客户的现状是歪的时候，我们必须给他树立新的正确图像。否则，一旦客户习惯了歪的图像，他就会觉得自己现在挺正常的。

可见，要想让人主动做某件事，必须给他创造一定的需求。

销售员要完成销售工作，就是要为客户作这样的催眠：要把新图像给他树立清楚，为客户描绘出一幅美好的画面。那么人内心深处最根本的需求是什么呢？可以用一句话来概括：追求快乐，逃避痛苦，这是人的本性。所以，对于销售人员来说，要对客户做的催眠工作也只有一个：把好处说够，把痛苦说透。

我们一定要学会利用网状激活系统打开客户的盲点。其实，客户一旦开始追寻目标，就能给自己寻找理由，并且会比销售人员找到的还要多；如果客户能给自己建立起理由，你的催眠也就成功了一半。

帮助客户把好处想够，把痛苦想透，他就会愿意和你成交。你帮助客户想好图像，实质上就是建立一种意愿，一个人心中一旦有图像了，他就会自己给自己搜索，然后给自己建立起一种决定。

掏钱总是一件痛苦的事情，所以拒绝就成了一种本能。

面对这种情况，我们该怎么办呢？很简单：将“不买某件东西的痛苦”塑造够，使之超过花钱的痛苦，这样，客户自然愿意接受你的催眠和引导，而这就要考验销售人员的个人素养了。

实际上，销售的整个过程就是一个不断为客户建立心中图像的过程，这也是个心理暗示和催眠的过程，因为“追求快乐，逃避痛苦”是每个人购买产品的规律，所以我们在为客户建立新图像时，一定要“把好处说够，把痛苦说透”，这样就离成交不远了。

语言暗示，催眠客户迅速作出购买决定

前面，我们已经提及暗示法在催眠式销售中的重要性，暗示的主要作用是引导和影响客户的购买心理，进而使其愿意购买。的确，现实推销中，那些推销高手之所以有良好的销售业绩，往往就在于他们懂得揣摩客户的心理，懂得运用一些暗示方法。同样，在销售结尾，如果我们能巧妙运用暗示法催眠客户，是能缩短销售进程、让客户迅速购买的。

小刘是一名生产设备销售员，他有个“老顽固型”客户。这位客户的工厂里的机器已经陈旧得几乎无法再继续使用，但他就是不愿意更换，任凭小刘苦口婆心地分析是否更新设备带来的利弊得失，他就是不为所动。无奈之下的小刘决定亲自去客户工厂看一看。

来到工厂后，小刘在客户经理的带领下，决定参观一下生产车间。看着那些陈旧、低效率的机器，小刘突发奇想，对客户经理说：“您知道隔壁工厂这个月的生产量吗？”

客户：“我知道，我也一直在为这事儿纳闷儿呢，以前我们两家的生产量差不多，但最近不知道为什么，他们的生产量突飞猛进。”

销售员：“其实很简单，他们购买了我们公司新研发的××牌生产设备，生产效率大大提高。实际上，不仅是他们一家工厂，全市大部分同行业的工厂都购买了我们的设备，我想汪总您也不希望自己落后吧？”

客户很尴尬，之后，在同小刘的交谈当中，他一度陷入沉思。最后，当小刘即将离开时，他主动提出想购买一套新的生产设备。

这则销售案例中，销售员小刘之所以能让顽固的客户最终决定购买新的生产设备，是缘于他利用暗示的催眠方法，让客户认识到，如果自己不购买产品，将会落后于同行和竞争对手，迫使客户心理失衡。

当然，暗示的方法有很多种，我们不如简单总结一下：

1. 动作暗示

我们先来通过日常生活中的一个小小的细节，来说明适时促进成交的重要性：

我们都有这样的经验，当我们去菜市场买菜的时候，当你问商贩蔬菜怎么卖，商贩会一边告诉你价钱，一边为你递上塑料袋。这时，即使你觉得商贩报出的价钱有点贵，你也还是会接上塑料袋开始挑选蔬菜，这是一种很奇怪的现象，似乎人们都无法拒绝。

虽然这些小商贩并没有多少销售理论知识，但他们确定是“促进成交”的“高手”。其实，递塑料袋这个简单的动作本身，已经在暗示和催眠你作出购买的决定，鼓励你下定购买的决心。

2. 语言暗示

“这个礼品多显档次啊，您送给客户，客户一定会很高兴的。”

因为每个客户都希望自己购买产品能买得物有所值甚至是物超所值，所以，他们会对是否购买产品产生动摇。而如果你能这样说，则可以从其他人的角度暗示客户，他的购买决定是明智的。另外，销售员还可以从另外两个方面帮助客户分析：

（1）应从长远的角度看

你要让客户明白，他的这种购买决策是很英明的投资行为。本身来说，作出购买决策就属于投资，既然是投资，就要把眼光放长远一点，而不能局限于现在。产品是否购买得物有所值也不是购买的瞬间就能感受到的，只有在使用的过程中才能感受到。

（2）反问客户，让客户坚信自己是明智的

你可以这样反问客户：您是位眼光独到的人，您现在难道怀疑自己了？您的决定是英明的，您不信任我没有关系，您也不相信自己吗？此外，还有许多促进成交的方法，在实际的促销过程中，需要根据客户的类型，采用不同的促进成交策略。

（3）暗示客户如果不购买可能会造成某种利益上的损失

销售过程中，我们经常会遇到这样一些客户，他们似乎总是很冷静。但如果我们能从反面说服，暗示客户如果不购买产品可能造成某种损失，那么，客户是不会眼睁睁看着自己面临损失或者丧失利益而无动于衷的。为此，我们便可以这样刺激他们：

“这批是我们厂最后一批A型号经典设备，我们现在生产的所有设备都采用了新的工艺和技术，像这样经典的老设备可是最后一批了，而且价格如此优惠，如果贵厂不加快行动，指不定哪个厂家就买去了。”

“酒吧和KTV是火灾的安全隐患最严重的地方，而且这些地方经常都会发生打架斗殴等事件，必然会使贵公司遭到损失，所以我建议您了解一下我们这份保险业务。”

可见，只要我们能主动出击，巧用语言和动作暗示，掌握销售的主动权，客户一般都能接纳我们的引导和催眠，向我们敞开心门或是立即成交。

第 9 章

催眠式销售步骤一：陈述卖点，让客户从潜意识认定你的产品独一无二

美国杰克逊州立大学刘安彦教授说，“探索与好奇，似乎是一般人的天性，神秘奥妙的事，往往是大家最关心的对象。”在追求时尚与个性的今天，人们也越来越注重产品的个性化。而在销售过程中，我们的客户也是如此，都希望能购买到与众不同的产品。所以，作为销售员，如果你想留住客户，就要让客户感受到你的产品的特别之处，或者具有的某种特殊的含义，以特色勾起客户的兴趣和购买欲望，而这就需要我们运用到催眠技巧，以此来实现销售目的。

挖掘产品最突出的卖点，赢得客户的认同

随着经济的发展和科技的进步，无论哪行哪业，市场都在进一步扩大，随之而来的就是市场竞争越来越激烈。尤其是在销售市场，客户都会同时与几家销售公司保持联系，他们希望从中找到能为他们提供物美价廉产品的合作公司。许多时候，我们稍不留神，竞争对手就会趁机而入。一旦竞争对手同客户签约，我们之前所做的一切努力都将白费。因此，在如此激烈的竞争中，我们要想留住客户，就必须学会用我们产品的卖点跑赢对手。

因此，我们可以说，在催眠式销售的过程中，用产品的卖点来吸引和催眠客户，是关键步骤，需要我们用心掌握。

作为销售工作成败的决定者，我们在催眠客户的过程中，只有突出自己产品的卖点和优势，才能获得掌控销售进程的权利，进而决定销售工作的前进方向。如此一来，销售工作也就不再困难了。

一个完整的产品包括很多方面：价值和附加值、性能与卖点等，因此，当客户已经了解产品的相对稳定和普遍的价值与性能时，我们要着眼于产品不同于其他产品的优点与性能介绍，这样，我们的产品优势也就显现出来了。也就是说，销售员一定要让客户了解到产品的卖点。在介绍产品时，要把产品的特征转化为产品的益处，如果不能针对客户的具体需求说出产品的相关利益，客户就不会对产品产生深刻的印象，更不会被说服购买；如果针对客户的需求强化产品的益处，客户就会对这种特征产生深刻的印象，从而被说服购买。

1. 掌握有效说明产品卖点的方式

一般来讲，无论销售人员以何种方式向客户介绍或展示购买产品的好处，通常会围绕以下几个方面展开。

（1）省钱

小卢是一位印刷用纸销售员。一天，他打电话给一位印刷厂厂长，他对这位厂长比较了解，知道他有实力，做事有魄力。

“吴先生，您好。我是纸厂的小卢，我听朋友说您为人非常好，我很想认识您，更想有机会为您服务。没有重要的事我也不敢打扰您，是这样的，我厂最近有一批库存纸需要处理，比市场价便宜500元/吨。我厂每年只有两次特价，一次是2~3月份，一次是10~11月份。机会难得，关键是货不多，所以我不敢告诉更多的人。按照厂里的规定，一次性购买500令纸的话，可以便宜500元/吨，一次性购买1000令纸的话，可以便宜600元/吨，您看您买多少令呢？我建议您还是一次性购买1000令比较合算。因为它可以立即为您节省将近两万元。”

“如果我只想要600令呢？”

“600令，我想想……噢，对了，我有一个朋友需要200令，正愁没个伴儿呢！要不您要800令，你们两家我做一张出库单，这样1000令就可以享受优惠了，对大家都有好处，您看呢？”

“这样也行，就800令吧！”

这样，小卢轻松地卖给了厂长800令纸。

（2）完善的售后服务

（3）节能环保

（4）提升成就感

针对这些方面，销售人员要根据不同的客户采用不同的说明方法。

（1）“这款产品采用的是最先进的节能设备。”

（2）“使用这种设备后，工厂的生产效率至少提高百分之三十。”

（3）“戴上这条项链后，您的气质又提升了不少。”

当然，销售人员应该注意的是，说明产品的卖点时，必须针对客户的实际需求展开。如果提出的产品卖点并不符合客户的需要，那么，即便这种产品的性价比再高，也不会引起客户的购买兴趣。

2. 突出产品的优势与卖点

当客户说出愿意购买的产品条件时，销售人员要将自己的产品特征和客户的理想产品进行对比，明确哪些产品特征是符合客户期望的，客户的哪些要求难以实现。在进行一番客观的对比后，销售人员就能有针对性地对客户进行推销了。

（1）突出产品的卖点与优势。销售人员要强化产品的卖点与优势，以此对客户发动攻势。如："您提出的产品质量和售后服务要求，我公司都可以满足您，一方面，我公司产品的特点在于……另一方面，我公司为客户提供了各种各样的服务项目，如……"在强化产品优势时，销售人员必须保证自己的产品介绍是实事求是的，并且要表现出沉稳、自信和真诚的态度。

（2）弱化那些无法实现的需求。销售员要客观地表达产品存在的不足，因为客户也明白，任何产品都有其无法实现的要求。对此，销售员要真诚地表现出来，但要尽量弱化。比如，销售员可以这样做：

其一，提差价，淡化付出。这种方法适用于很多产品的推销。如："只要多付 1000 元，您就可以享受到纯粹的海南风情。"

其二，削减客户购买的成本。这要求销售人员对自己的产品有较深的理解，并且这种理解符合大多数人的生活习惯。如："您只要每周少抽一包烟，购买这个产品的钱就出来了。""您只要每天花两毛钱，就可以让你的容颜停滞十年。"

巧妙计算，催眠客户让其感觉物超所值

现在这个社会，各种各样的产品极为丰富，千奇百怪的东西应有尽有。一旦谁拥有稀、奇、特、新的产品，并被潜在客户发现，就很容易被认同。正因为稀、奇、特、新，所以很容易让客户感到物超所值。众所周知，一般意义上的产品，其生产商、供应商比比皆是，要想让客户认同、接受，购买你的产品，除了要在产品质量、性能、功能等技术指标、质量参数方面必须满足客户的心理预期外，还需要销售员在推销的时候下足功夫，也就是要从“降低”客户的投入感觉和“提升”客户的收益感觉两个方面入手，进行催眠式引导。

销售人员：于主任，我了解您最苦恼的是对账问题，是吗？是因为经常要对账吧？

客户：实不相瞒，小兰，令我苦恼的就是要经常对账。你知道，我们公司做的就是超市和生产厂家之间的生意，正是因为挣的是作为中间商的钱，所以，我们首先要和超市、卖场的财务部门对账，然后还要和各个厂家的业务代表对账，这似乎都成了我们的日常工作了，实在是要浪费很多时间啊！

销售人员：我太明白你的心情了，以前我也为这事苦恼过。我以前曾经为一家大型的超市供应牛奶，这个城市，也就五家店，可是我每天除了送货就是对账了，基本上要花好几个小时呢，要做各种不同的报表和账单，然后还要核实、对账等。看您每天花的时间，比我肯定多多了。

客户：哎，起码一天有 3 个小时的时间是用在对账上面。

销售人员：于主任，我们来算一笔账，我们这款财务软件的授权使用时间是 5 年，也就是 1800 多天，而它的单机版价格也就是 1800 多元，这样差不多一天才花一元钱，这种计算方式，我想您应该理解吧？

客户：按照这个算法，可以理解。

销售人员：而您每天花三个小时对账，也就是说，你要是用了这款软件的话，每小时只需要三毛钱就能解决了。而对账的过程，恐怕也少不了一些与厂家业务员的争论吧，用软件的话就省心多了。您觉得我说得对吗？

客户：那倒也是！

销售人员：于主任，其实您从今天起就可以……

销售情景中，销售员小兰催眠客户的技巧是：先和客户套好关系，表示对客户的理解，从而拉近了和客户的心理距离，然后她帮客户算了一笔账：将1800多元的财务软件分解再分解为每个小时三毛钱。客户权衡了利益得失后，自然觉得划算。毕竟，当我们遇到这种情况的时候，也就是为了成堆的财务账单而头皮发麻时，谁都愿意花上几毛钱来清除自己的烦恼。当客户听到1800元的时候，可能觉得有点贵；但是当小兰为客户分解了成本后，客户的投入感觉已经大大降低了，而感觉的定义就是心理一种的微妙变化，并不代表客户最后该支付的款项有实质性的减少。

其实，让客户感觉物超所值包括以下两个大方面：

第一，通过“降低”客户的投入感觉来催眠客户

这里的“降低”并不是真的降价或者作一些实际性的让步，而是感觉上的一种变化。销售员通过一些手法，让客户感觉自己投入减少了，销售方作出了让步，实则不是如此。

1. 帮客户做“除法”

这里的“除法”指的是将客户在产品上的投入分成很多份的技巧，具体到每一个部门、每一个员工、每一段时间上。比如，某公司采购负责人要购买一些公司年会上用的精致糕点，大概要两万元，看起来费用不少，但是如果将它分解到每个员工身上，那这家公司有一百个员工，每个员工身上的投入也才200元，而这200块只不过是一个员工每个月的加班费的几分之一而已。

2. 帮客户做“减法”

现代销售中，人们已经很注重产品的附加值，而不仅仅是产品本身的使用价值。销售员在推销产品的时候，不妨多从这些方面做做文章。比如，可以免费升级、免费安装、加送礼品、延长保修、终身维护等。而这些所有的附加价值，都可以用数字来加以形容，销售员可以想办法为客户计算，让客户明白，减去这些费用后，客户的投入并不高。

比如，电视购物行业有个很流行的手机营销方式，“原价 1800 元的手机，现价仅仅是 999 元，额外赠送价值 200 元的无线蓝牙耳机，再加送价值 100 元的存储卡，再加送价值 100 元的原装锂电池，相当于仅仅需要付出 499 元，你就可以轻松地拥有这部高科技的手机……”购买手机的客户一听，自然会认为自己的投入不多，也就很乐意购买。

第二，通过“提升”客户的收益感觉来催眠客户

与以上做法相对的是，销售员要“提升”客户的收益感觉，就是帮助客户做“乘法”和“加法”。

1. 帮客户做“乘法”

如果客户存在需要解决的问题，那么，不妨将这一问题放大数倍甚至更为严重。比如，客户所在部门存在因为不购买这种产品导致的威胁，那么，不妨将这种威胁放大到所有部门，乃至公司的生存和发展，这样，客户就会认识到问题的严重性。同样，只需要小小的投入，就可以解决如此大的问题，客户自然也会认为是物超所值。

我们可以这样理解做“乘法”：我们要找出客户在不购买产品的情况下会遇到的某些问题和麻烦，并将这种问题和麻烦成倍地放大，这样，客户就会感觉到问题的严重性，自然也就会努力寻找解决之道，如此，你的建议就很容易被他接受。

2. 帮助客户做“加法”

很简单，销售员可以将那些可以给客户带来的直观的利益累加在一起，这

样，客户明显会有“划算”的感觉。

客户嫌贵时，销售员如何化解

可能是出于对销售员的防御心理，在销售中的报价过程中，无论销售员报出什么样的价，也无法催眠客户，让客户接纳，他们总是会有这样的借口：“太贵了”“不合算”“别人比你卖得便宜”，客户嫌产品贵，这几乎是所有销售员都会遇到的问题。然而，有时价格已经很合理了，客户仍旧“嫌贵”，这也是困扰不少销售员的问题。遇到这种异议时，销售员切忌回答“买不买随你便”“你不识货”，或“一分钱，一分货”之类的话。因为客户永远是上帝，无论客户购买与否，销售员都不能用这样的说辞。这种话就像一把利剑，很容易伤害客户的自尊心，甚至激怒客户，引起矛盾，从而对销售造成不利影响。那么，面对销售中的价格异议，我们该如何催眠和化解呢？

一位网通公司的推销员在刚落成的一片小区内推销网络服务，许多刚刚入住的居民前来询问。

客户：多少钱能通网啊？

销售员：安装费是每户 300 元，网络年费是 980 元。

客户：也太贵了吧！

销售员：听起来确实有点贵，不过您仔细想想，这价钱根本不贵，加上安装费，每天就 3 元钱，无限制上网时间，非常划算。如果你觉得年费不合适，你可以看看季度费，每季度 400 元，还有月费，每月才 150 元。

客户：“嗯，这还差不多。”

很明显，这位销售员第一次报价的方式非常不妥当，但由于他转换了报价的方式，因此他顺利地解决了客户的价格异议。他不仅将昂贵的网络费用拆分成小单位，消除客户对高价的排斥感，还适时地提出了另外两种收费方式。客户只要稍稍计算，就看到了“实实在在”的便宜。实际上，价格还是同样的价格，只是销售员帮客户分解了一下单位时间的成本，让客户感觉似乎降低了价格。

那么，在面对客户嫌贵的情况下，我们应该怎么办呢？

1. 婉转否定法

客户“嫌贵”时，销售员切不可直接回绝客户，否定或者指责客户的意见，否则，无异于把客户推到了门外。其实，无论客户提出任何异议，我们都不能否定客户，我们应该先认同对方的感受，获得客户的好感，让对方感觉你和他是一个阵营的，然后再告诉客户产品贵的原因，毕竟客户也知道“一分价钱一分货”的道理，他购买的是价值，而不是价格。比如，销售员可以说：“的确，可能我们的产品贵了点，但是……”这样，客户在心理上也有个过渡，比较容易接受。面对客户说出“你们的电器也太贵了吧”之类的话时——我们先来看看下面两种回答方式：

回复一：

销售员：的确有点贵，很多前来选购的客户都这样认为，连我自己也承认这一点，但是那些客户的在使用前和使用后却是不一样的反应，当他们使用以后，就不这样说了。他们发现，这种电器质量非常好，每年不必花多少维修费；更重要的是，它的噪声很小，不会影响员工的情绪，更不会打扰到周遭的居民。我相信您一定会用得非常满意。

回复二：

销售员：许多人都这样认为，但是，之所以那么贵是因为它的材质、质量、使用年限以及售后服务都非常优越。先生真有眼光，您可以先试试，绝对不会让您失望。

上面这两种答复，我们明显可以看出，答复一比答复二好得多。第一种答复中，销售员首先肯定了客户的异议，这样才能安抚客户的情绪，客户才会继续听我们讲下去，在此基础上，销售员再把产品的优势顺势推出，就能让客户在一种心理很受用的状态下接受我们的意见。

2. 分解价格法

情景中的销售员运用的就是这种催眠方法。所谓分解价格法，指的就是按照产品使用时间的长短和剂量单位的不同来报价，这样，原本看上去比较高的价格被化解后就小多了，而实际上，这种方法并没有改变客户的总支出，却更易于人们接受。

3. 比较法

产品与产品之间打的不仅是价格战，还有质量、性能等其他方面的较量。当客户告知你的产品比其他家贵时，我们可以用比较法突出产品的优势，也就是将同类产品进行优势对比，突出自己产品在品质、性能、声誉、设计、服务等方面的优势，让客户知道“贵有贵的理由”。其实，这是在用转移法化解客户的价格异议。人们常说“不怕不识货，就怕货比货”，在比对当中，客户一目了然，自然会选择物有所值的产品。

在某家居广场里，某客户想购买一套全进口家具，看来看去，看上一套很尊贵的家具。于是，销售员小王走上去，为客户解答。但客户询问价格后，不太满意。

客户：你们家的比隔壁贵多了。

销售员：您说得对，不一样的东西当然就不一样的价位了。先生，你过来看看，这种材质绝对是上乘的；还有烤瓷技术，这做工，相当考究，不仅美观，最重要的是结实，耐用；再看看这种风格的设计，简约大方，加上上乘的品质，放在您家，一定非常高档，非常适合。

客户：隔壁家的好像也差不多。

销售员：虽然风格有点相似，但是，这两套绝对是不同的，我们这家是国

外 ×× 公司唯一授权代理的，就像五星级饭店和三星级饭店一样，因为它们的服务和舒适程度不同，所以价格也不同。我们的家具，品质绝对是一流的。

我们明显看出，这名销售员是有相当高明的催眠技巧的。实际销售中，当客户告诉销售员“你们的东西就是比别人的贵”时，恐怕有很多销售员都会很不客气地回敬一句：“一分价钱一分货，你要是不满意，那你就去他那儿买吧！”这绝对是销售的大忌，无异于直接赶走了客户。我们应该像例子中的销售员那样，灵活地突出自己产品的优势。要注意的是，在比较的时候千万不能贬低竞争对手，抬高自己攻击别人的销售方式会给客户留下不良印象。

如果你销售的产品是同行业中品质最好的，那么你完全可以和对方说：“是的，我们的产品是比较贵，奔驰不可能卖桑塔纳的价，您说是吗？”

对于那些购买后存在附加成本的产品，我们也可以通过分析自己产品附加价值的优势的方式，让客户接受较高的报价。比如，在汽车行业，我们就可以从维修、售后服务以及是否省油等方面入手，让客户看到产品的长远价值，接受高价。

总之，对于销售中客户的价格异议，我们的催眠方法就是：价值要加起来说，价格要分开来说，这样才能消除客户对高价的排斥感。同时，在与客户沟通时，一定要胸有成竹，只有销售员自身对产品充满自信，客户才可能对你的产品放心。

如何催眠让客户明白“一分价钱一分货”

俗话说：“一分价钱一分货。”这是一个毋庸置疑的真理。因为，相对于那些质量较好的产品来说，稍微一般的产品，在成本、做工等方面的投入也会少一些。这一点，每一个销售员都能明白；但是，并不是每个客户都能明白。因为每个人都会关心自己的利益，任何一个客户都希望买到既便宜质量又相对好的商品。物美价廉，是客户对商品最理想的追求。在购买商品时，客户也总是希望销售员介绍那些质量好、价钱不高的商品，甚至抓住质量好的产品与销售员讨价还价。对此，不少销售员都会感到懊恼。

面对这种情况，销售员保证价格不被客户刷低也在情理之中。然而，如果销售员只是一味回绝客户的报价，虽然保住了商品价格底线，却很有可能会损失客户。如何才能在保住商品价格的同时，又促成交易呢？这就需要销售员掌握一定的催眠技巧，让客户明白“一分价钱一分货”的道理。

一个二十几岁的小姐来到一个手机大卖场，应该是要来买手机，可是转遍了商场的很多柜台，也没看到合适的。正打算离开时，她在一家知名品牌手机专柜那里停了下来，对着几款手机看了起来。

销售员：“您好，我们这里是国内很知名的品牌，你的眼光真好，这几款手机都是今年的新款，都是针对您这样时尚靓丽的女性设计的。依我看，这款玫红色的手机就很适合您。”

客户:“是不错,我也看上这款手机了。哎呀,不过这也太贵了,要那么多钱。”

销售员：“您的眼力真不错，如果是我也会觉得有点贵。但是这款手机之所以价格相对较高，是因为它不仅有非常多样的功能，而且颜色鲜艳、时尚，款式设计新颖、不俗套，看起来非常高贵、典雅，是一种品位和个性的表现。相对于这些来说，这个价格绝对是划算的。”

客户：“可是比别的手机要多出1000多元啊，差得也太多了。”

销售员：“可能是我没有解释清楚，这款手机不仅外观吸引人，而且在功能方面也是相当先进的。您看一下这个产品介绍，无论是日常功能还是娱乐功能，都非常好。您再来看这个摄像头，外面还做了保护，绝对不会受到一丝一毫的划伤。”

客户："是很不错，挺喜欢的，不过就是价格太贵了。"

销售员："这款手机价格的确是比其他型号高一些，但是对于这款刚刚上市的新款手机来说，还是相对较低的。对您这样的女孩来说，应该更注重新潮和时尚吧，而且这款手机的款式和颜色对您来说很合适，可以说与您的大方气质相得益彰。您用再合适不过了。"

客户："唉，看了其他的都觉得没有这个喜欢，真的不能便宜了吗？"

销售员："是的，小姐。如果您真的喜欢，就拿上吧。这种概念型的手机都是限量版的呢，国内就几十款，如果您以后想买的时候很可能厂家就不生产了呢。那样的话您一定会觉得遗憾。"

客户："是吗？那我就买这款了。"

情景中的销售员所运用的催眠技巧就是从产品的性价比着手，抓住了问题的根本，快速地解决了客户的异议。客户购买的是产品的价值而不是价格，只要让客户看到产品的价值，就能解决客户心中的问题；而相反，解决不了关键问题，那么销售工作就很难顺利进行。

对于那些嫌贵的客户，如果销售员不能让其明白"一分价钱一分货"的道理，那么想要获得催眠式销售的成功几乎是很难的。缺乏耐心，不积极引导客户，就可能会导致销售失败。因此，想要卖出价格高质量好的产品，销售员就要想办法让客户明白"一分价钱一分货"的道理，让客户认识到产品的价格与质量相比并不贵。

那么，在具体销售过程中，销售员应该如何催眠客户，让其明白"一分钱一分货"的道理呢？

1. 为客户计算性价比

当今社会，很多时候，人们在购买产品的时候，越来越多地考虑到产品的性价比。无论商品价格高低，人们都希望通过衡量商品的质量、价格、功能等方面来考虑产品的性价比。然而，受很多因素的影响，客户对产品并不是特别了解，为此，他们对产品价格提出质疑。

所以，作为销售员，我们想要尽快消除客户的错误理解，就要准确及时地传达给客户与商品质量相关的信息，尽量让客户全面地了解商品质量，并以此为客户计算出性价比，让客户一目了然地看到商品的质量与价钱之间的内在关系，消除其有关价格的质疑。

2. 用事实说话

俗话说，眼见为实、耳听为虚。有时候，销售员费尽口舌，将产品的功能和优势一一解说出来后，客户并不相信，反而撂下一句话："王婆卖瓜，自卖自夸，有谁不说自己瓜甜的？"的确，这一回答让一些销售员不知如何是好。俗话说：事实胜于雄辩。再好的解说也比不上事实的力量，只要销售员用事实说话，那么就不愁卖不出好产品。

在销售过程中，所谓的事实并非权威证书或者一纸公文，只要销售员让客户多一些实际体验，让客户从内心体会到产品质量的优越性，就完全能够消除其嫌贵的心理了。

3. 保持足够的耐心

对于客户始终保持的价格异议，很多销售员束手无策，于是，放弃成了他们常有的做法，其实，这样是不应该的，因为放弃了一个客户就失去了一次成交的机会。另外，客户对产品有价格上的异议，说明他有意向购买，只要化解价格异议，销售成功是自然而然的事情，为什么要放弃一次成交的机会呢？

在这个过程中，针对产品向客户进行详细的介绍和解释是不可少的，如果客户一再提出疑义，销售员切不可因为急于成交而降低价格或者是放弃客户，而是要拿出足够的耐心，向客户讲明价格与质量的关系。只要销售员拥有足够的耐心，并辅以正确的沟通方法，就能让客户明白"一分价钱一分货"的道理。

价格谈判中遇到僵局，销售员该如何催眠化解

在销售过程中，当销售员和客户在价格上无法达成统一意见并僵持不下时，就进入了谈判僵局，此时，如果销售员处理不好，销售工作就有可能无法顺利进行，很多时候都是以失败收场。在任何一场销售谈判中，出现谈判僵局都会给销售员造成一定的压力。面对这种压力，每一个销售员都应该学会运用催眠技巧，用自己的热情与智慧快速打破谈判僵局，尽快扭转局面，这样销售工作才有可能取得成功。

一名电脑推销员拜访一位事业单位的负责人，经过一段时间的交谈后，负责人表现出了强烈的兴趣，他的确想把单位的一些老式的电脑更新一下。但是在价格问题上，负责人态度非常坚决。

客户：不行，价格还是很高。况且，我们的电脑还能用，我犯不着花那么多的价钱更换。

销售员：目前的电脑市场竞争非常激烈，我们为了业绩已经降低了售价，给您的价格已经是最低的了，不能再降了。

客户：你们价格那么高，我们需要50台电脑，但是以你们的价格，我们的预算只能买到一半你们的产品……

（谈判陷入了僵局）

销售员：王先生先来杯茶吧，您喜欢铁观音还是普洱……茶叶可以越陈越好，但是像这种高科技产品可不一样，更新得很快。可能您觉得我们的产品有些贵，但是，我们的价格在市场上已经是非常便宜了，这些电脑都是有市场报价的。您是行家，我没必要和您绕弯子，你说呢?

客户：至少每台降 200 元。

销售员：我们每台单价的降价幅度是不能超过 100 元的，说实话，对于那些合作多年的老客户，我们也始终没有超过这个范围。如果您真是想更换单位的电脑，我就给您这个价，每台再降 100 元。就全当您是我们的老客户了，您看怎么样?

客户："那好吧。"

情景中，我们看到双方口中的价格差异非常大，这时候，销售员和客户的谈判陷入了僵局。此时，销售员的聪明之处，就是让客户肯定了产品，从而让生意有继续谈下去的前提，可以说，这是一种绝妙的催眠技巧。

因此，销售员要明白，即使谈判陷入僵局，只要销售还具备这样的前提，销售员就务必留住客户；如果不肯让步，说出"就这价，你不买算了""要不您上别家买去"等态度强硬的话，那么生意估计就会失败。所以，在谈判僵持不下的时候，销售员的态度一定要友好，不能和客户产生冲突，这样才能保证谈判在一个良好的氛围下继续进行。

那么，在具体销售过程中，如果遭遇了价格谈判僵局，销售员应该通过哪些催眠方法来处理呢?

1. 把尊重放在第一位

尊重客户是对销售员的基本要求。无论发生什么，即使与客户产生了矛盾，销售员也要尊重客户，这是缓解一切紧张气氛的良药。无论客户表现出什么样的态度，你始终都要用微笑回馈客户，这样，客户自然也就能感受到尊重，也会同样对你保持尊重。

2. 让谈判在和谐的氛围下进行

除了微笑和礼貌以及尊重客户，销售员还不能死板，还需要适时地制造一些幽默话题，幽默是打破沉默、缓解气氛的最有效的润滑剂。在现代催眠心理学中，幽默也是经常被运用到的一种技巧。

当然，制造幽默更要讲究一定的语言技巧，销售员制造幽默话题并非单纯地讲笑话，而是要和产品以及销售这个本质性的问题挂钩，做到殊途同归。幽默的目的其实也是解决销售中的实质性问题，如果只顾海阔天空地乱侃，那么销售中的问题还是没解决。那些优秀的销售员大多是在制造幽默的同时解决问题的，无论是谈论客户感兴趣的话题、有意思的新闻，还是一个有趣的故事，他们总能将其联系到销售工作的本质问题中去，并善于用幽默的语言来表达自己的观点，委婉地说服客户，在打破谈判僵局的同时，也一并推动了谈判的进展。

3. 可适当让步

当谈判出现僵局后，最终销售是否取得成功将完全取决于销售员的做法。对于那些有关价格的具体问题，销售员可以与客户耐心洽谈，讨论成交与否的双方得失。如果有必要，销售员也可以作出一定的让步。

4. 暂时停止谈判

如果销售中的谈判就已经到了无法继续的地步，销售员可以暂时停止谈判，与对方协商好之后再另行确定时间进行谈判，这样能给彼此充足的考虑空间。但在作出这一决定之前，你要确定一点，你一定要保证客户有诚意与你合作，否则，一旦你选择暂停谈判，就是终止了合作，失去了生意。

5. 更换谈判者

销售中，销售员要想成功地把产品推销出去，很多时候需要其他销售人员的合作与帮助，当然，通常也是这一原因，导致了价格谈判的僵局，而其中一些人却完全不知道。如果谈判局面一再僵持，那么谈判人员中那些稍有经验的销售员就要考虑，应该让那些引起谈判僵局的人员暂时离开，从而避免谈判进程进一步僵化。

其实，价格谈判就是一个相互妥协、相互退让而最终实现共赢的过程。谈判中出现僵局很正常，销售员遇到这种情况，不要胆怯，更不能逃避，不但要勇敢面对，更要善于运用催眠技巧来营造轻松的谈判氛围，这样才有利于销售的进一步展开。

第 10 章

催眠式销售步骤二：巧言让客户接纳你的报价

任何方式的销售，价格问题都永远是无法回避的问题，打价格战也是销售中一个必不可少的环节。然而，我们发现，不管我们报出的价格是多少，即使价格已经很合理了，客户还是会觉得“太贵了”“别人比你卖得便宜”等。所以，如何报价、让谁报价、怎样说服客户接受现有价格等，都成了销售员们最头疼的问题。如果我们掌握一定的催眠技巧和方法，进而影响客户对于价格问题的看法和理解，那么，交易的达成概率将大大提高；反之，生意失败率也将非常高。所以，我们只有通过催眠法消除价格障碍，才能赢来交易的成功！

报价不要太直接，换个方式客户更易接受

任何一位客户都知道一份价钱一分货的道理，但在现实销售中，当客户听到我们报出的实价的时候，却总是觉得价格太高，无法接受。其实，如果我们能用点心理策略，在报价的时候注意方式，比如，分解价格或者由客户自己报价，那么客户会很容易被我们催眠，进而接受我们的报价。

我们先来看看下面的案例：

某超市要批发进一批牛奶，进货员与牛奶工厂老板就牛奶价格进行交涉起来。

客户："你们厂的牛奶是什么价格？"

工厂老板："是这样的，我们的牛奶每包算下来给你一个进价吧，两块二一包。我们调查了一下，这种牛奶的市场卖价可是三块，也就是说，一包牛奶，你们可以赚八毛，一两包是小事，可是积少成多，你们就赚大了。"

客户："可是，你们产品的质量如何我还不知道，况且，隔壁厂的牛奶才两块呢！"

工厂老板："不知道您注意到没有，我们的牛奶采用的保鲜技术以及口感方面，在业内做得算是最好的，我们坚持用质量和品质来赢得客户。质量上您绝对可以放心。"

客户："好吧，我买下这批牛奶了。"

案例中，这位工厂老板的精明之处就是在报价的时候并没有整体报价，也就是不报出一批货的价格，而是将这批货的价格分解，这样，客户就会在心理上感觉到便宜。可见，委婉报价法是一种很好的催眠技巧。而相反，假如他直

接报出这批牛奶的价格，那么，势必是一个相对庞大的数字，就可能会令对方因为价格问题而产生异议，阻碍成交。

可见，在销售过程中的报价问题上，销售员不可太过直接，有时候，换个方式报价，客户接受起来就会容易得多。

那么，具体来说，我们该怎样使用委婉报价这一催眠技巧呢？

1. 先谈价值再报价

运用这一方式进行报价的话，需要把握整个沟通的进程，需要我们确认一点，也就是令客户在提出价格问题以前就对产品产生认同感，然后销售人员再对产品价值进行一次次强化，令客户逐步感觉到产品物有所值，随后，价格问题也就能消除了。

2. 价格分解法报价

这种报价方法是将整个产品的价格划分成小单位来进行报价。比如，客户前来购买一台冰箱，而他准备购买的这台冰箱售价 5000 元，你可以这样为客户报价：这台冰箱的使用年限是二十年，也就是一年才 250 元，一天才不到一元钱，非常划算；如果是销售一瓶 30 毫升、价值 210 元的卸妆油，你可以作拆分计算，告诉客户每次只需要使用一毫升，仅仅需要 7 元钱，你就能彻底清除脸上的化妆品残留物。

3. 模糊报价法

模糊报价通常是将产品价格的零头去掉，以整数的形式出现，一般报出的价格要比产品的实际价格略微低一些，这样，能抓住客户的眼球，吸引他们的注意力，顺利进入谈判阶段。在谈判中随着产品价值等因素的一次次强化，客户也就非常容易接受实际价格。

4. 引导法报价

这种方法是抓住了客户占便宜的心理，客户总是希望以最低价买到最合适的产品，抓住这一心理，我们可以这样报价，比如：“您今天很幸运，我们做活动，比平时便宜……”“价钱不贵……”“最近比较便宜……”此外，在报价时，声音要响亮、清晰，态度坚决、干脆，让对方感觉这就是最低价。

5. 选择合适的报价时机

销售中，选择合适的报价时机是我们成功进行催眠式销售的一大要素，而关键在于如何找到这个报价时机。大量销售员的经验表明，最佳的报价时机必须具备下列两个条件：

首先，客户对产品有充分的了解。

其实每个客户都会对产品价格产生异议，这也是人们购买产品时普遍存在的心理。在客户了解产品的具体情况后，能够理性地看待产品价格了，这时候再报价效果会更好。

其次，客户对产品有急切的购买欲望和热情。

如果客户的购买热情并不强烈，除非是价格很有吸引力，否则，即使销售员主动报价，客户也会不为所动。倘若价位对客户来说比较贵，那么这个客户肯定会流失。

利用这些催眠技巧，相信我们的销售工作一定能顺利地开展。要注意的是，无论生意是小是大，我们都要做长线生意，不能乱开价，也不能咬死不让，这样我们才能把产品卖出满意的价格，同时与客户保持良好的关系。

探明客户的价格底线，不能轻易松口还价

作为销售员，我们都知道，我们的业绩如何，直接和产品的销售价格挂钩。因为一旦产品被生产出来，其成本价就已确定，此时，售价越高，我们的利润也就越高。每一个销售员都希望自己销售的产品销路好，受到客户的欢迎，同

时也希望产品能够卖个好价格，多获得一点利润。而在现实的销售中，有些销售员为了留住客户，一旦客户提出产品贵，就轻易动摇，为其降价，结果客户认为销售员让步后的价格依然有水分，于是，他们会再次压低价格。就这样，到最后，结果往往是不尽如人意，销售员不是丢了客户，就是丢了利润。

实际上，在具体销售过程中，总是会涉及讨价还价，价格的决定权也并不在我们手里，所以，当我们在未探明客户的价格底线的时候，都不要轻易说定价格，多给自己留余地，才能有还价的空间。可以说，探明客户的价格底线是催眠式销售中的重要步骤。

小小是个聪明伶俐的女孩，毕业后，她自己经营了一家小店，店面虽小，生意却一直很红火，这是因为她不仅眼光独特，而且很会报价，来她店内的顾客，一般乐意接受她提出的价格。

这天，一个女孩来买衣服，在经过一番挑选之后，女孩把目光锁定在一条款式时尚的连衣裙上。

小小："小姐，您眼光真好，这条裙子是我们的镇店之宝，也是今年最流行的款式，不论是花色还是款式，都是非常时尚的。如果您喜欢可以试一下。"

客户试过裙子之后。

小小："这条连衣裙非常能衬托你的气质，特别是您今天穿的这双高跟鞋，看，搭配起来多漂亮。而且现在就能穿。"

客户："嗯，是不错。不知道价格怎么样。"

小小："这条连衣裙是新款上市，299 元。"

客户："太贵了！"

小小："那小姐您觉得这条连衣裙大概在什么价位比较合适呢？"

客户："那么贵，只不过是一条夏天的裙子嘛！不能便宜几十块钱吗？"

小小："不知道您发现没，虽然这条裙子是流行时装，但有个特点，简单大方，也属于经典款式，所以，如果保养得好，穿个两三年是没问题的。一般我都是很少打折的。难得你这么喜欢这条裙子，穿起来又这么漂亮，那就给你打个 9 折吧。”

客户：“好吧，那就拿这条吧。”

案例中，店主小小之所以能成功卖出商品，是因为她在销售中活用了价格：在探明了客户的价格底线的时候，巧妙地把话锋一转，以打折让客户感觉获得了利益，这样，不仅商品能够以较合理的价格成交，也不会造成客户的反感，同时，还让客户欢喜而归。

这给销售人员一个启示，即在催眠式销售过程中，一定要摸清客户的价格底线。那么，对于销售人员来说，应该怎么摸清客户的价格底线呢？

1. 编造出一个“第三者”

这种办法可以化解客户的抗拒意识，有利于我们继续进行催眠工作。这种情况下，他往往会跟你说些真心话；但如果他知道你在卖这种商品，他就不这么做了。比如，你可以说：“我喜欢跟您做买卖，但是这件不是我的，是替朋友代卖的，以后我们再合作吧。”你以这种方式解除了他的武装，接着你说：“我很遗憾不能卖给你这件衣服，但就咱们俩说，到底多少钱您买？”他也许会说：“我觉得 100 元是最低的价格，但我想 125 元也是可以的。”

2. 推荐质量更好的产品，确定客户愿意给出的最高价格

比如，客户觉得现在你所报出的价格过高，你可以这样试探他：“我们这里还有做工更精细的牛仔裤，而且是今天刚到的新款，但是每条 170 元。”如果客户对你说对质量更好的牛仔裤感兴趣，你就能知道他愿意花更多的钱。

3. 通过提供一种质量较差的产品来判断客户的质量标准

“如果您只付 100 元，我给你看质量稍微差一点点的牛仔裤行吗？”用这种方法，你或许能让他们承认价格不是他们唯一的考虑，他们确实关心质量。

总之，销售在很大程度上打的就是一场价格战。在价格谈判中，销售员在未探明客户的价格底线前，一定要坚持自己的立场，不要轻易让步，因为一旦

你让步，就会让客户觉得你报价过高，从而一再压价，这样，你在谈判中就失去了主动的位置，使自己和企业蒙受损失。客户都有一个期望价，也有一个拒绝价。如果我们运用这些技巧，往往可以摸清客户的拒绝价，从而作出下一步的价格决策。

客户开口出价，你该如何催眠引导

价格问题，永远是销售过程中最难解决的问题之一。我们都知道，在销售中，谁先报价，谁就容易丧失控制价格的主动权。但我们发现，这一过程中，若销售员先报出了价，那么在接下来的谈判和交涉过程中，价格也只能在这个限定的范围内，客户不可能以比这更高的价格买下产品。因此，为了避免这一弊端的出现，很多销售员把报价的主动权让给了客户——但问题又随之出现——倘若让客户先开口出价，而这个价格完全背离我们的价格底线，我们又该如何应对呢？怎样改变顾客对产品价格的错误估计，成为销售员在催眠式销售中必须要解决的问题。

一天，某顾客来到羊毛衫专卖店，左挑右选之后，她的眼光停留在了其中一件长款羊毛衫上。

顾客：“这件羊毛衫多少钱？”

销售员觉得可以先让顾客出价，这样，可以探出顾客的价格底线。于是，他问：“你觉得这羊毛衫值多少呢？你要是喜欢的话，开个实心价，我给您带一件。”

顾客：“我觉得也就值个百把块吧，您觉得呢？”

销售员：“您是识货的人，您看上的东西能便宜吗？说实话，两百，是纯羊毛的……”

顾客：“行吧，那你给我拿一件。”

这位销售人员的应变能力着实让人佩服。让客户先开价，的确有利于探清客户的底线，让自己有足够的空间与客户商讨价钱问题；但如果客户开出的价格与我们的期望价格相差太远，也会让价格谈判陷入尴尬境地。此时，这位销售员的聪明之处就在于他把客户定位成“识货的人”，称其“看上的东西不便宜”，这样，客户受到一番赞美之后，自然而然也就被带入到销售人员设定的氛围中，最终的结果就是：即使觉得价格稍微贵点，也可以接受。

讨价还价在销售过程中不仅是至关重要的部分，也是一个不可忽视的环节，因为销售的核心问题就是利益，因此，对于价格问题，如果我们不能巧妙应对，就会令双方陷入谈判僵局，轻则谈判破裂，重则伤了和气、断了情义，给以后的往来带来困难，甚至令自己或企业经济受损。

那么，总的来说，当销售员遇到客户先开口出价时，该如何应答呢？

1. 适当让步

客户开口出价，而提出的价格与我们的期望价格相差不远的话，我们可以言辞诚恳地与客户协商。比如，你可以这样说：“刘小姐，我知道，您很喜欢这双鞋，也想以最合适的价格买下它。但是您开出的价格实在已经超出了我们的底线了，我们的进货价格都没这么低。要不您看这样行吗，我们一人退一步，我给您再打个九折？”此时，如果我们言辞诚恳，先作出让步，然后也请客户作出让步，那么僵持的局面很快就能得到缓解，问题的焦点也会很快转移，实现由“不让”到“让多少”的转变只要实现了转移，那么，对方让步的可能性至少存在一半。

但这样做也存在问题，那就是会让客户觉得你的让步是“理所应当”的，从而得寸进尺。因此，销售员即使让步，也要做出一副逼不得已的姿态，在最后关头才作出让步，这种选择能获得客户的理解，令他们见好就收。

2. 调节气氛

谈及利益时，买卖双方很容易形成一种僵持局面，即使是朋友，也有可能争得面红耳赤。但如果我们能运用一些催眠技巧来调节气氛，比如，一句幽默的话就能让双方化解矛盾、重新谈判甚至一笑了之，就能让我们交到朋友，收到柳暗花明的效果。

3. 补偿措施

人们都有占便宜的心理，这一点，销售员也知道，因此，我们在无法满足客户提出的价格让步的情况下，可以为其提供一些“补偿措施”来弥补客户在价格上的让步。同样，当我们不能满足客户提出的价格时，我们也可以采取补偿措施：“这位太太，您也知道，我们是小本买卖，也希望能赚点小的利润，您开的这个价格，我们是真的没办法接受。要不这样吧，我给你赠送一个我们公司周年纪念的礼物，您看行吗？”很多时候，客户都乐意接受这种补偿措施。

的确，在经济活动中，并非都是一手交钱一手交货的，而是一种“物物交换”。使用补偿措施，能实现一种利益的互补、互惠及动态型的经济交往流程，从而让客户达到一种心理平衡。所以，可以说，采用补偿措施是一种极好的催眠技巧。

的确，一个聪明的销售员，不仅能掌握整个销售活动的主动权，还能排除各种不利于销售的因素，尤其是价格问题，即使客户主动出价，已经掌握了价格谈判的主动权，也依然能轻松应对。可以说，以上方法买卖双方都可利用且成功率均等，关键在于要主动利用和善于利用。

如何应对客户“别家有同样商品比你家便宜很多”

人们购买产品，都希望产品能物美价廉——以最低的价格购买到最满意的产品，因此，人们常常抱着“货比三家不吃亏”的心理，对于同类产品会进行价格、价值等各个方面的比较。而正是这一点，导致我们销售人员经常会遇到这种情况：当我们一报价，顾客就说“别家有同样商品比你家便宜很多”。面对这种情况，一些销售员为了替自己和产品辩护，会当即反驳客户：“怎么会一样呢，一分价钱一分货，这你都不知道吗？”甚至诋毁竞争对手：“他们的产品怎么能和我们的比呢？”结果只能是不但得不到顾客，还让他们对产品产生怀疑，影响自己和公司的形象，“坚定”了顾客离开的信念。其实，这种情况下，与其反驳客户，不如采用心理催眠的方法。那么，具体来说，我们该怎么做呢？我们先来看看下面的销售案例：

一天，某商场电器专区来了一位年轻的小姐，转悠半天后，她的脚步停在了一款小型冰箱的前面。

导购员：“小姐，请问我有什么可以为您服务的？”

顾客：“听说，你们在小型冰箱这一块做得不错。”

导购员：“是的，请问您是想买冰箱吗？”

顾客：“我随便看看。”

导购员：“哦，那您看看这款冰箱吧，这是我们今年刚从国外引进的冰箱，无论是家居还是车载，都很方便。”

顾客：“进口的？那一定很贵吧？”

导购员：“这是德国 ×× 品牌旗下最有名的产品，售价是 2500 元。”

顾客：“不是吧，这么贵！这种小型车载冰箱，一般最多卖到 1000 元，网上也只卖几百元。我刚刚也看过几款，最高的也没超过 1500 元的。”

导购员：“您看的质量怎么能和这种国际品牌比呢？一分钱一分货。”

这位小姐一听，头也不回地离开了。

这则案例中，我们可以看出，原本这位顾客对该品牌的小型冰箱很感兴趣，但最终选择了离开，这是为什么呢？原因很简单，顾客称产品贵，这名销售员非但没有进行挽留，反倒说：“您看的质量怎么能和这种国际品牌比呢？一分钱一分货。”这样说，不仅否定了顾客的眼光和欣赏水准，还贬低了竞争对手的产品，让顾客觉得这位销售员素质不足，顾客自然会选择离开。

任何一位顾客在购买产品的时候，都会从价格上对产品进行对比，此时，如果我们采取诸如“那您去买便宜的吧”“那家东西质量不行”之类的消极回应方式，都会让顾客放弃购买。那么，面对这种情况，我们该如何应对呢？

1. 保持良好的服务态度，给客户一个关于产品“贵”的合理解释

其实，只要我们报出的价格高于客户预先设想的价格，他们都会认为贵，此时，他们更希望得到的是一个关于产品“贵”的合理的解释，因为“一分钱一分货”的道理顾客也明白。如果我们和案例中的销售员一样表达，就会让顾客感觉到销售员对同类产品的不屑和对竞争对手的诋毁。这样，顾客不但不会认可你的产品，还会对你个人的印象非常糟糕。

此时，我们一定要注意自己的态度，一方面要承认同类产品便宜；另一方面也要为自己的产品贵做好解释工作，让顾客看到你的专业素质，并让顾客在“鱼”与“熊掌”之间作出明智的抉择。

2. 不要诋毁竞争对手

一般情况下，在听到客户说自己的产品比同类产品贵时，销售员都会本能地为自己的产品辩护，情绪易激动的销售员甚至会诋毁同类产品。他们认为这样能改变客户的看法，让客户购买，但实际上，这样回应只会适得其反。因为客户自己也是有判断力和鉴别力的，这种目的性和攻击性过强的回应，不仅难以吸引客户对产品加以注意，反而会使客户对导购员的态度产生厌烦情绪，甚至会转身离开。

所以，无论客户怎么不认可我们的产品，我们都不能诋毁其他品牌的产品。当然，我们在向客户介绍自己产品卖点的时候，可以适当指出其他产品存在的一些不足之处，但一定要注意分寸，不要有任何的针对性。

3. 运用催眠技巧正确引导客户正确看待价格差别

如果客户指出的“别家有同样商品比你家便宜很多”情况属实，我们就不能否认，而要从自己产品的优势，比如产品性能、外观、技术热点等方面来阐述，以此引导客户认识产品与其他产品的价格差别。另外，我们必须明确指出顾客购买产品后所得到的利益远远大于其所支付的货款的代价，也就是让顾客自己感受到一分价钱一分货，这种情况下顾客就不会再斤斤计较。

当然，要做到游刃有余地催眠客户认识到这一价格差别问题，不仅需要我们对自身产品有专业的认识和把握，还需要我们充分了解竞争对手的产品和销售情况。只有对竞争对手的销售情况及弱点有很好的了解，才能在争夺顾客时，做到得心应手，抓住销售机会。

掌握几种应对客户讨价还价的催眠策略

在现实的销售活动中，价格问题是销售人员和顾客无法避免的问题，也就是销售中的讨价还价。在这一过程中，销售人员一定要要灵活应对，要掌握客户的心理，做到“不亏老本、不失市场、不丢客户”，所有问题都不是一成不变的。为此，销售人员有必要掌握几种应对客户讨价还价的催眠策略。另外，销售员一旦和客户达成协议，就要马上签订协议将其“套牢”，不给对方一丝的反悔和变卦的机会。

十一期间，某商场在进行空调促销活动，凡是购买该产品的客户，都能得到商场赠送的电饭煲。整个促销活动如火如荼地进行着。

但这时候，促销员小王面前站着一个老太太，对小王说：“我可不可以不要电饭煲，你们便宜 200 块钱，行不？”

小王是新来的销售人员，不知道该怎么办，只好对老太太说："不好意思啊，不能这样，你要不要看看便宜的空调？"

老太太一下子拉下脸来，走了。小王莫名其妙。

要想有效地规避客户的讨价还价，需要销售人员发挥自己的聪明才智，遇到不同的客户，采取不同的催眠方法加以解决。这里就涉及客户的分类，报价的方式、时间、地点的选择等一系列的问题。

一般来说，在价格问题上，客户会有以下四种异议，针对这四种异议，我们找出了不同的催眠应对策略：

1. 客户始终认为优惠不到位

这类客户，一般对产品并不了解，他们在砍价的时候，一般是漫无目的、不着边际的，对于这类客户，销售员完全可以在报价的时候报高一点，这样，才能给自己留出足够的空间来应对客户的砍价；另外，让步的幅度一定不能过大，可以慢慢地让步，让客户感受到优惠。

销售员在面对这类客户的时候，要作好与之打持久战的准备，因为，这类客户一般不会轻易达成交易，他们只有在认为自己已经占够了便宜的情况下才会偃旗息鼓。可见，销售员一定不能大幅度地让步，因为人们都有这样一种心理，越是不容易得到的东西越是珍惜。如果销售员轻易让步，就会让客户觉得你仍然可以让步，甚至怀疑你刚开始报出的价格的真实性，这样，销售员就失去了在谈判中的主动地位，这无疑会助长客户砍价的"气焰"。同时，销售员让步，是必须有数量限制的，这样，会让客户有一种胜利的喜悦，客户一高兴，签订协议也就水到渠成了。

2. 礼品是次要的，只要降价

这类客户是实在型的，面对这样的客户，你不妨和他说："按照一般原则和商场规定，我们这里是不允许这样的情况出现的。但您稍等一下，我帮您问一下经理，看能不能给您一个特例。"

这样，即使结果和客户期待的不一样，他也一样会感激你，因为你为他作了努力。自然，他就会拿着礼品，买下产品。

3. 产品存在瑕疵，应当降价

这类客户一般比较喜欢吹毛求疵，无论产品本身是否存在问题，他都会找出产品的问题，然后借机杀价，即使销售员作出让步，他还是不罢手，紧紧抓住产品的弱点，最大限度地杀价。对于这类客户，销售员不妨拿自己的产品与同类产品作比较，或者采用其他方式淡化这种缺陷，让客户明白此产品在同类产品中的优势或者让客户忽略这点小瑕疵。

4. 客户认为老客户应当享受优惠

这类客户是爱贪小便宜的，通常情况下，他们都会以自己是老客户，“倚老卖老”。这类客户这样做无非是出于两个目的，要么是真心想购买，但是希望通过这种方式获得价格优惠；要么根本无心购买，只是为了探探价格虚实。

而作为销售人员，你可以告诉他：“我也想为您效劳，可是这是商场的规定，不然对其他客户就不公平了，您说是吗？”另外，你可以借此机会，帮自己拉拢到更多的客户：“哦，这样啊，我们商场今天有个活动，就是同行的两人或三人一起购买的话，会享受到八折优惠……”诚心想买的客户会立即被这样的优惠“诱惑”，成为我们的客户源之一。

第 11 章

催眠式销售步骤三：把握客户内心诉求，激发客户的购买欲望

在催眠式销售的过程中，相信不少销售人员都遇到过这样的情况：客户已经有购买意向，双方沟通也已经接近尾声，然而，在即将成交之际，客户却始终犹豫不决，不肯下决定。一些经验不足的销售员此时会放弃销售，但实际上，他忽略的是，客户之所以犹豫不决，是因为心存疑虑，不能完全信任产品等。此时，如果我们能运用点催眠策略，激发客户的购买欲望，向客户展示有利于他的方面，弱化客户的疑虑点，就能成功引导客户放下心来，从而完成购买。

嫌货才是买货人

在催眠式销售过程中，尽管我们致力于引导客户，但是客户依然会产生异议，这是一种很正常的现象，正如有人说的“嫌货才是买货人”，对产品或者价格有异议的才是我们的准客户。因此，在销售前，我们要事先揣测客户可能产生的异议，以及产生这种异议的原因。这样，我们就能在整个催眠式销售的过程中，有意识地消除这些异议。

马先生是一家水果店的老板，生意红红火火，这主要还是因为马先生会经营。比如，早上打开店门，马先生就先把那些外观漂亮的水果捡出来，单独放在一边，定价定得高一些；而那些在外表上稍微差一点的同类水果则定价较低。

一天，他遇到这样一位难缠的顾客。“你的水果也不怎么样啊，1 斤也是 1 块钱吗？”这个顾客拿着一个水果仔细端详起来，还敲了敲，看看水果到底怎么样。

“呵呵，您放心，我的水果不能说是最好的，但也是这一片比较好的。您不信，可以和别家的比较比较。”马先生满脸堆笑，不紧不慢地说。顾客说：“太贵了，8 毛卖不卖？”

马先生还是笑眯眯地：“先生，我要是 1 斤卖你 8 毛钱的话，那之前买的那些人岂不是买亏了？而且，我这已经是最低了，周边几个水果店卖得都贵些，您也可以去问问。”

不管顾客是什么态度，马先生一直保持着微笑。虽然这个顾客认为水果太贵，但最后还是被马先生的态度折服了，以 1 斤 1 元的价格买了好几斤。

“嫌货才是买货人啊！”马先生感慨地说。

案例中马先生的话很有道理，“嫌货才是买货人”。并且，他始终保持温和的态度，以此催眠客户，让其心甘情愿购买。只有真诚地对待客户，从客户的角度出发，才能更好地弄清楚客户异议的问题所在，然后再合理地帮助客户解决问题，获得客户的认同，促成交易。

客户产生异议，往往有很多原因，针对客户的这些借口，很多销售人员往往束手无策，最终也只能知难而退，放弃推销。其实，是否能用正确的技巧回应客户的异议，正体现了一个销售人员的水平。常见的异议有以下两种，我们可以根据不同的情景，用不同的方式回应我们的客户：

1. 客户总是说你的产品不如竞争对手

这正是案例中的情况，的确，面对这种情况，尤其是刚从事销售行业的新手，会觉得很棘手，有些销售员甚至知难而退，放弃说服工作。其实，大可不必这样。销售员应该向客户核实事实，然后采取相应的催眠策略解决这一误会，你可以这样回应：

“是吗？很好，能从朋友那里购买，肯定是信得过的产品，你们一定关系很不错吧！”（稍微停顿一下）

对于这样的回答，可能有些善于言论的客户会从容应付过去，但一般客户会这样说：“哦！大概是这样子的吧！好多年了！”或说：“叫我怎么说呢？”或说：“你管太多了！我的朋友与你有什么关系啊！”

这样，我们就能看出对方只不过是在说拒绝的托词。此刻，你可以说：“这个请您作参考好吗？”一边说，一边拿出产品说明书、图样来给他看，或一边操作示范机器；同时劝导客户买下来。但如果客户一点儿也没有改变心意，那么推销员必须想办法游说，或作个长期计划，先慢慢成为客户的朋友，再逐步进行推销事宜。

2. 客户对目前的供应商很满意

当客户说“目前我们的供应商的工作就已经很好了”时，可能有些销售员会认为这种销售瓶颈根本无法突破。事实上并不是这样，因为，虽然客户对目前的供货商已经很满意，但这并不代表供应商的产品和服务是最好的。此时，如果你能让客户继续说下去，就很容易找到机会，找到突破口。你可以给客户先派送样品或尝试性的订单，向客户展示能证明你的产品价值的东西。

1. 具体问题具体分析

任何问题的出现都是有原因的，客户拒绝销售员也是一样。而客户满意现在的供应商，说明一个问题：此供应商的产品质量和服务态度都让客户满意，这就是客户与他的供应商合作这么长时间的原因，也是客户拒绝销售员的原因。找出这一问题，销售员就能逐步解决这一难题了。

销售人员在了解了这些原因之后就应该采取以下措施：

（1）取得资料，了解客户现在的供应商。

（2）激将劝导："董事长，身为一名企业家，您应该积极寻找能给公司带来最高利益的方法。"

（3）给出专业性的建议："周经理，现代社会，竞争激烈，最好的性价比是在比较中产生的，就比如供货商，当我们对供应商很满意的时候，我们还是需要另外一家供应商当作参考，以确保自己真正得到最好的价格、最好的商品与价值。"

（4）询问客户选择的原因："您用什么标准来衡量您的供应商？"

2. 让客户了解产品的优势

销售员可以通过为客户算一笔经济账来催眠他："张经理，您可能也知道，我们这个版面在全国的发行量都是相当大的，因此贵些。如果您在其他小报上做几个广告，这些小报合起来的发行量还不如我们一家报社，费用却高多了，您说是吧？"

3. 强调产品能给对方带来的利益

客户购买产品，前提都是希望产品能给自己带来利益，因此，只要销售员懂得在这个方面多下功夫，客户一般都会动心。

通过告诉客户产品的销售量和畅销程度来催眠他

销售过程中，销售员要达成交易，首先要解决的问题就是激发客户的购买欲望，让客户动心，假如客户对产品没有任何兴趣，何谈购买？而现实销售中，有时候，我们使出浑身解数，向客户展示产品的众多优点，顾客却似乎不吃我们那一套。但如果换种推销的方式，比如说，拿出实例，告诉客户产品的销售量和畅销程度，进而放大客户的需求，就会让客户产生紧迫感，那么我们催眠客户的目的就达到了，客户也会加快购买决定。

杰克是一家燃气公司的推销员。一天，他来到某小区，准备向准客户曾先生推销自己的产品。他作了简单的介绍后，曾先生的回答很让人失望。

“我没用过你们公司的产品，不敢相信你们，万一有个好歹，后悔都来不及。”

“曾先生，您多虑了，如果我们公司的产品真的出过事故，那么，我还会站在这里与您交谈吗？而且，产品的质量是我们推销最有力的武器。”

“这倒也是，不过口说无凭，我还是不敢相信你。”

“曾先生，您看，这是上半年我们公司的销售情况表……”说着，杰克便把一本销售目录拿出来给客户看。

曾先生一看，他所在小区居然有一大半以上的用户用的都是杰克推销的燃气。为了确定杰克的推销目录的正确性，曾先生还拨通了这些邻居的电话，证明了杰克所说属实。于是，曾先生二话不说，购买了杰克的燃气。

从案例中，我们发现，杰克所使用的这种催眠技巧很值得我们学习。他之所以能打消曾先生对产品质量的疑虑，说服曾先生购买自己的燃气，就是因为他出示了最有力的证据——一张销售目录表，其他客户的购买就是产品质量的最好证明。

研究表明，虽然客户能找出千万个借口来拒绝销售员的推介，但最为根本的原因是习惯使然。客户总是对产品提出异议，并不是以为他们真的对产品不满，而是因为人们与生俱来的对陌生事物的防备心理导致的。其实，这更表明客户对产品感兴趣，此时，只要我们主动采取点催眠技巧，比如，让客户看到产品的畅销度，就能让客户产生一种购买产品的急切欲望，就能改变客户的态度，让客户信任我们。

对此，我们可以从以下几个方面做到：

1. 用具体的、真实的销售事例来说明问题、催眠客户

真实的事例是一种具有说服力的论据。比起抽象的产品质量报告，具体真实的事例显得更加形象生动。如果销售员告诉客户："我们是奥运合作伙伴，这是我们的合作标志。"那么客户不仅会欣然接受，还会深信不疑。

另外，销售人员给客户所举的案例一定要真实，否则就是搬起石头砸自己的脚。

2. 表明产品的畅销度

生活中，人们都有一种从众心理。在购买活动中，这种心理更为明显，这是降低内心危险意识的一种典型体现。销售人员要想促成顾客购买商品，那么，利用这种从众心理促成交易，也是一种不错的选择。尤其对于那些追求流行的客户，这一招经常可以起到作用。比如，你可以拿出产品的销售情况表，告诉客户："您看，这是我们这个月的销售情况和客户反馈意见表……"另外，这是产品畅销度最好的证明方法，看到这些，客户自然会打消心中疑虑，购买产品的欲望也就更强烈。

3. 让客户看到其他客户对产品的反馈情况

若客户强调要购买某品牌产品，唯一能改变客户想法的就是其他客户对产品的反馈情况。因为，在购买心理上，人们都害怕吃亏，只有当周围的人都已经购买并反映良好时，他们的这种危机意识才会有所消减，这就是人们所说的从众心理。这也是为什么客户对产品的反馈情况常常被作为一种证明产品信誉、口碑、质量的事实依据。可见，消费者对产品的反馈和评价，对产品本身来讲非常重要。所以，在你向此类客户介绍产品时，务必要向他出示其他客户对产品的反馈和评价表，如果反馈内容可以细化到客户的年龄、职业、对产品的好评，那么效果会更好。这些不仅可以从侧面表现出产品的畅销情况，同时也间接说明了产品的适用面，可以说是一种很有效的催眠方式。

4. 借助权威为产品打广告

销售员可以借用专家的研究或分析结果，也可以借用知名人物或企业的合作来强调产品的"品牌"。这种事例资料浅显易懂，真实可信，十分具有说服力。如："某某 500 强企业一直在用我们的产品，到现在为止，已经和我们公司建立了 5 年零 8 个月的良好合作关系。"在说明的同时，再用一些图片或是资料进行辅助证明，就能发挥出最好的效果。

可见，客户对产品提不起兴趣，并不是客户不需要，很多时候，是我们没有激发起客户购买的欲望。此时，如果我们能为其摆出一些事实例证，那么这就是最好的催眠技巧，就可以激发客户对产品的信任度，从而让其放心购买！

客户疑心重，总爱刨根问底怎么办

现代社会，虽然我们一直强调诚信原则，但还是存在一些违背这一原则的经济现象。而正是这一原因，导致了很多客户对销售员这一工作存在偏见，他们认为销售员是为了推销而推销，销售员的话决不能信；在购买产品的时候，他们更是小心翼翼，处处提防，并喜欢刨根问底。客户这样的态度，无疑为我们的销售工作增加了难度，但即使如此，只要我们善加运用心理催眠技巧，就能彻底消除客户的疑虑，让客户信任我们。

一天，某电子产品大卖场 ×× 相机品牌专柜来了一位先生，看样子，他是要买相机。看了半天后，他把眼光停留在了一款黑色的相机上。导购员为其介绍了这款相机的各项性能，这位先生终于表态了。

顾客："你们这款相机真的有你说得那么好吗？我看不见得吧。"

销售员："关于产品的功能方面，我刚才已经为您展示过了，总的来说，我们这款相机的性价比是同类产品中最高的，不仅技术上先进，价格也相对优惠很多。"

顾客："可是，我还是觉得这款相机感觉太轻了，似乎一摔就会坏。"

销售员："先生您多虑了，我们的相机本身就是为了轻便考虑，采用德国 ××× 型塑料制成，坚固耐用又轻巧。当然，我们最好还是要保护好相机，尽量减少摔打的可能，您说对吗？"

顾客"你说得也是，你拿出来给我试用一下吧！"

销售员："好的。"

当销售员为客户拿出相机后，这位客户的问题又产生了："你给我的这款上面这个是什么啊，怎么看着这么旧，不会是人家的退货吧！"

此时，销售员真的有点不耐烦了，但他还是压住了火气，对客户说："这个您放心，这是一款颜色较暗的相机，并不是旧产品。最近几年，这种暗色调的相机一直很受欢迎呢！"

顾客："哦，原来是这样啊。那你给我包起来吧。"顾客说完，销售员终于松了一口气。

在面对这类刨根问底、似乎总是对销售人员持怀疑态度的客户时，可能很多销售人员都会热情消退甚至不耐烦，而这种态度，无疑会加重客户的疑心。实际上，如果我们能保持镇定和耐心，积极寻找应对的催眠策略，就如同案例中的这位导购员一样，即使已经觉得不耐烦，也努力调整心态，继续耐心回答客户的问题，那么，客户心中的疑虑逐渐消除后，自然也会放心购买。

另外，还有一种情况，有些客户，他们喜欢刨根问底是性格所致，他们无论做什么，都会做到深思熟虑，力求滴水不露。但不管什么原因，我们都要使用技巧，消除客户的疑虑，从而实现交易。

具体来说，我们应该做到：

1. 态度坦诚

这类客户疑心重，就是因为不相信销售人员，如果我们能态度坦诚，不矫揉造作，注意说话的语气，给他以坦诚老实的感觉，那么，是能打动客户的。相反，如果你眉飞色舞、唾沫横飞，就会给客户造成一种华而不实的印象，进而把这种感觉过渡到你的产品上去。

2. 不要试图“收买”客户

人们都有爱占小便宜的心理，但在与这类多疑型客户打交道时，我们一定不要以为“小恩小惠”就可以“收买”他们，这样很容易适得其反，引起他们更深的怀疑甚至误解。所以，我们要尽量理解他们的情感，尤其是他们多方面的疑虑和意见。

3. 主动说出产品一些无伤大雅的小问题

客户也明白，任何产品都不是十全十美的，如果我们一味地吹嘘产品的性能和质量，势必引起客户的怀疑；而如果我们能适当表示出对客户意见的赞同，甚至可以主动承认产品的一些小问题（当然这些问题是无伤大雅的，不会影响到产品的使用），那么，是可以换得客户的信任的。如：

“不瞒您说，我们的产品在时尚元素的追求上，还是做得不到位，但我们会努力的。”

4. 拿出让客户折服的证据，让客户彻底被催眠

事实胜于雄辩，有时候，如果客户对你的话半信半疑，不如直接向客户出示一些实在的证据，证明你说的话是真实的，这样就可以彻底催眠客户，令他信服。比如，我们可以说："先生，我知道您担心产品的质量问题，这我可以理解，您看，这是我们的产品证明书和客户反馈意见表……"

总之，面对这类刨根问底、对销售员和产品不信任的客户，我们的工作重心就是要保持耐心，逐一消除客户的疑虑，从而让客户放心购买。

为客户制造一种产品短缺的假象

我们都知道，物以稀为贵，这是最简单不过的道理。人们总是会对那些稀缺或即将消失的产品产生兴趣，同时，这也是实际需求的表现。生活中，人们总是对那些即将消失的产品感到很急需，为此，很多商家会抓住这一商机，经常通过这些词语来表现商品的稀缺："最后三天""只有两个库存""暂无商品，添加至期望清单""此商品还剩 2 天 4 小时 3 分 17 秒售完"等。看到这些词语，人们更是增加了紧张感。所以，作为销售员，我们在激发客户购买欲望的时候，也可以通过制造出产品短缺的假象来催眠客户，以此来加快客户购买的脚步。

某商场顾客云集，商场中心挂着"最后一天，全场五折"标语，有位美丽的太太来到商场，想买一个星期以前就想买的那套裙子，但即使五折，对于她来说还是很贵。导购员小姐看出了这位太太的心思，说："太太，今天是降价最后一天了，而且您看上的这套裙子也是我们专柜的最后一件，如果您今天不买的话，以后价格还是会恢复的，那时候再买就不划算了。"这时，刚好过来另外一个太太，伸手去摸那套裙子的质量，那位美丽的太太立马取下裙子说："给

我包起来。”

这位太太之所以买下了本来犹豫的裙子，就是因为她害怕失去仅此一件的商品，而售货员小姐也正是利用了客户的这一心理来催眠她。这给销售人员一个启示，抓住客户害怕失去的心态，很多时候能俘获客户、促使其购买。

在日本奈良，有一家超市的打折方式是独特的，它首先制订打折的期限，第一天打 9 折，第二天打 8 折，第三天打 7 折……以此类推。

所以客户如果想在打折期间购买自己喜欢的产品，就可以在喜欢的日子过去。如果你想以最低的价格买，就可以在打 1 折的时候。但是，你要买的东西并不能保证会留到最后一天。

这种促销的方法也是抓住了客户害怕失去的心理。首先，大家会观望，不会在第一天或者第二天就去急着买东西；但在第三天，就是打 7 折的时候，不少人害怕自己想买的东西被别人买光，就忍不住了；在第四天，就会出现抢购的热潮。

可见，害怕失去是人们共同的心理，只要我们抓住这一点，然后为客户制造出他即将失去产品的假象，就能顺利引导客户进入到我们设定的情境——再不购买就被抢购一空了，从而让客户立即购买。为此，我们可以从以下四个方面努力：

1. 表现商品的稀缺性

在美国的唐人街，华人众多，国内的腊肉自然是很畅销。这里开了一家腊味商店，出售的是全手工制作的各种腊味，货真价实，风味独特，很受客户的欢迎。但这家店有一个规矩，就是每天限量生产，卖完之后就不再销售了。哪怕客户强烈要求再多做一些，也不做了。

当有客户问老板为什么时，老板回答：“店里人手不够，若是做多就保证不了质量了。请您见谅。”

人都是这样，得不到的都是最好的，更显得弥足珍贵。腊味店的老板其实也并不是限量保质，只不过是利用了客户的这一心理而已。

2. 告诉客户其他人正在购买

人们都有跟风或者模仿的心理，都不希望落后于他人，尤其是在一些他们不确定的事情上，因为这样。至少可以证明自己没有“做错”，这种心理现象被称为“社会证明”。生活中，人们看到周围的人在疯狂购买某种产品的时候，会在无意识中认为该产品有值得买的地方，于是他们便会付诸自己的实际购买行动。

针对人们的这种心理，当客户犹豫时，销售员可以告知你的客户，其他人正购买，产品即将稀缺，那么，客户很可能因为你的一句话而下了购买决心。

3. 为客户提供用户评论

用户评论会对人们的购买决策产生巨大的影响。通常对于被其他客户评论为“质量信得过、价格合理”的商品，很多客户会争相购买，因为他们害怕在自己犹豫的时候商品就已经售罄。

让你的客户在你的产品跟踪本上写评论，让他们对产品和服务进行总体评级——毕竟，这些是你销售时可以用到的免费资料。

4. 稍微缓和人们的担心情绪

适当地让客户紧张，同时也要缓解客户的焦虑情绪，比如你可以说：“您放心，就算是库存只剩两件了，我也会给您留一件，谁让您这么信得过我们的产品呢？”这样，你不仅和客户建立了良好的关系，还卖出去了产品。

简单来说，运用为客户制造产品短缺假象时、激发客户的购买欲望时，既要让客户感觉随时会失去这件商品，又要帮助他们信任你并减轻他们的任何顾虑，这样，我们才能让客户顺利进入到我们设定的“圈套”中，进而接受我们的催眠。

对症下药，掌握应对不同消费群体的催眠式销售策略

销售过程中，那些业绩出色的优秀销售人员并非具有天生的好运气，能够使自己遭遇更少的客户拒绝，事实上，他们遭受的客户拒绝并不比其他销售人员少。可是，为什么这些销售人员总是能够成功地化解客户的拒绝并从客户的拒绝理由当中找到成功的机会呢？这是因为他们具有更加出色的信息分析能力、敏锐的体察能力以及灵活的反应能力；最重要的是，他们深谙催眠式销售策略，能做到看菜下碟，寻找到最佳的引导客户的沟通方式。

销售员：您好，严总，打扰了，我是 A 公司的小王，我们上次在贵公司见过面，还记得吗？

客户：记得，上次不是和你说清楚了吗，你们公司的产品有很多瑕疵，这样的产品我们不能用，你怎么还打来？

销售员：不好意思，又给您添麻烦了。上次的产品我们卖得很好，可能是您误解了。不过，这次，我只是想给您提供一些能够帮助您节省 30% 的成本的资料，我们可以见一面吗？见一面不会做成生意，但是，确实能帮到您！

客户：还是上次你推销的那种设备吗？

销售员：不是，是另外一种，准确的说是我们的科技结晶，价值所在。

客户：哦，那具体是什么呢？

销售员：我一时也说不清楚，而且担心误导您，如果您有时间，我给你看些资料，您看怎样？

客户：行啊！

很明显，范例中的客户是严谨的人，而销售员采用的办法就是，用利益来诱惑和催眠客户，使得客户有继续听下去并且面谈的欲望。

在销售中，销售员要想激发客户的购买欲望，就要有机智的大脑，因为我

们可能会遇到不同类型、不同性格的客户，如果不能正确了解各种类型客户的性格特点，就很难做到对症下药。所以，销售员在销售中研究客户的性格特点且找到具体的催眠应对策略尤为重要。

下面介绍几种不同类型的客户以及相应的应对方法：

1. 热情型客户

这类客户一般交际能力比较强，性格外向、乐观积极，善于与人沟通，而且，他们比较喜欢新颖的产品，在作购买决定时容易受到情绪、感情的影响。对于这类客户，销售员要与之建立感情并不难。

这类客户比较希望能获得销售人员的肯定，希望成为交际的中心和别人关注的对象，形成自己的影响力。所以销售员在同这部分人打交道的时候，要注意以下几点：

（1）赞扬对方。在交谈过程中，热情型的客户会时常提出自己的想法和建议，这时候，销售员不要与之争论，而要学会赞扬对方。

（2）销售员在向这部分人介绍产品或服务的时候，最好顺应他们求新、求异的心理，向他们推荐那些比较新颖、特别的产品或服务。利用产品的新包装、新特点等，强调产品的个性化趋势，以此吸引客户。

2. 挑剔型客户

挑剔几乎是每个客户的“毛病”，尤其是对产品熟悉的客户。在销售员正准备推销的时候，很多挑剔型的客户就已经开始滔滔不绝地抱怨了。有的客户常常会对我们的产品、公司甚至是销售员百般挑剔：一会儿不满意产品的质量、价格；一会儿嫌产品性能不好；一会儿又抱怨公司不够优秀，服务不够完善等。他们就是典型的挑剔型客户，总是希望得到最好、最完美的产品。

在同挑剔型的客户交流时，销售员应该注意以下问题：

（1）保持冷静，控制自己的不良情绪，平静地对待挑剔者的种种责难

这类客户一般是愿意购买的，只是嘴上不饶人，我们要记住的催眠策略是：

只要顺着他就行。销售员千万不能批评或是责骂客户，而是先顺从客户的意见，然后再婉转地指出客户的错误。"您说的有道理，但是……"这种句式不仅能顺利表达销售员自身的想法，而且照顾到了客户的情绪，非常有效。

（2）主动为客户找到购买的理由

客户会挑剔说明他有很多的异议。但主要的异议是什么，就要销售员具体问题具体分析了。洞悉背后的主要异议是打开客户心扉的关键。找到客户挑剔的原因以后，我们就应该针对客户的真实需求，主动为客户寻找购买的理由，一次次强化产品的优势，促成交易。

3. 专业型客户

有些客户所了解的领域比较广，也比较深，甚至对销售员所销售的产品比销售员自身都专业，他们可能会提出一些问题连销售员自己都回答不出来。比如，他们总是会问："这种产品的技术缺陷解决了没有啊？""据我所知，近几年这种系统运行下来的产品都会存在一些问题。"这就是专业型客户。这些问题，很多销售员都回答不上来。

面对专业型客户具有挑战性的提问，我们应该认真地审视自身的能力和技巧。一般情况下，一个优秀的销售员最希望遇到的就是比较在行的客户，这样的话，销售员在介绍产品时，就不必费时费力地向对方解释。但如果销售员自身能力不足，不仅不能获得客户的认可，而且会影响企业或公司的形象。所以销售员应该注意：

（1）在做销售工作时，一定要注意加强自身的专业素质，要对自己销售的产品有很深的了解和认识，这样才足以面对那些提问专业的客户们。

（2）赞美客户的专业性，并一一解答问题，千万不能回避。对于一些局限性的问题要实事求是地加以说明。

总之，销售中，我们只有找出对方的性格特点，才能有的放矢地进行催眠与引导，加快销售进程，达到销售目的。

第12章

催眠式销售步骤四：彻底洗脑，如何让客户从说“不”到“是”

在催眠式销售的过程中，我们发现，当客户不愿购买的时候，他们总是有各种各样的理由，诸如“考虑看看”“和家人商量”“只认名牌”等。诚然，这也许是顾客拒绝的真实原因，但大多数情况下，这只不过是客户为了顾及销售人员的面子的借口。聪明的销售员切不可被客户的这些理由所“蒙蔽”，同时也不可退缩和放弃，而应该冷静下来，积极寻找催眠策略，努力化解客户的拒绝，进而留住客户的脚步！

客户说想去别家再看看，该怎样催眠客户挽留其脚步

俗话说：“货比三家不吃亏”，任何一个客户都知道这个道理。因此，他们在挑选产品的时候，总是希望有更多的余地。而正是因为这一心理的存在，给我们销售人员带来很多困扰：无论怎么向客户介绍产品，客户总是一副可买不可买的态度，然后对销售员说：“我想再去别家看看。”客户之所以会有这样的态度，无非有两个可能，一方面是因为你推荐的产品品种实在无法满足客户的挑选要求；但大多数情况下，则是因为客户“货比三家不吃亏”的心理。对此，我们想要留住客户，就需要掌握一定的催眠技巧，以此引导客户，从而以独特的卖点吸引客户。

陈小姐发了薪水后，准备买一件时装。她进了一家时装店，在店内逛了一圈后，她摇了摇头，说：“哎，我还是去别家看看吧。”

站在她身旁的销售员立即说：“小姐，您先留步，请问小姐您是否是觉得我们店的时装种类太少，让您觉得选择的余地不大？”

客户：“是啊，就这几件衣服，顾客怎么选？”

销售员：“的确，您说得很有道理，开时装店首先就要以款式多吸引客户的眼球。不过我们老板非常喜欢有特色、经典的时装，款式不落伍又不落俗套。”

顾客：“你这么一说，我还真发现，你们店的东西不一样。”

销售员：“是啊，产品贵在精而不在多嘛。我看小姐的装扮，也是很注重品位的人。时装虽然容易过时，但只要搭配得好，总是能穿出永不过时的感觉。”

顾客：“你这看法，我很同意，您看，我身上这件裙子，别人都以为我是

新买的，实际上，两年前我就买了，只是我喜欢以不同的方式搭配，因此，穿出来总是有不一样的感觉。”

销售员：“是啊，您再注意看一下我们店的衣服，最大的优点就是容易搭配，而不是追求新奇！”

顾客：“是的，那你觉得我适合什么样的衣服呢？”

挑选了一会儿以后，销售员拿起一条裙子说：“我看这件就不错，小姐身材很有曲线美，这条裙子的设计走的正是复古路线，肯定能凸显小姐曼妙的身材。”

顾客：“是吗？我相信你的眼光，我去试试看。”

最后，陈小姐兴高采烈地买了这件裙子。

这则销售案例中，销售员的催眠技巧值得我们借鉴。当顾客称自己要去“别家看看”时，销售员并没有放弃推销，而是主动承认了客户的想法——产品种类太少。接下来，她也并没有以“新货过两天就到了”“怎么会，已经卖得差不多了”等借口推脱，而是承认客户的观点，然后再向顾客表明虽然种类少，但款式经典、有特色等，进而让顾客有这样的感叹：“你这么一说，我还真发现，你们店的东西不一样。”接下来，她再对客户的品位进行了一番夸赞，更是让顾客对自己产生了信任感，最终促成了购买。

那么，针对这种情况，具体来说，我们该怎么应对呢？

1. 先稳住顾客

当顾客说“我想再去别家看看”时，我们要明白，这只不过是客户的一种托词而已，你不要认为客户还会再回来光临你，因此，你要做的就是先稳住顾客，不要让顾客流失。

而要想留住顾客，就要和案例中的销售员一样，用产品的其他方面的卖点吸引住客户，进而转移话题。比如，你可以告诉客户：“我们店里的产品在进货时都是经过精心挑选的，虽然种类不多，但都是款式经典又畅销的产品。”但是需要注意的是，销售员所说的话一定要与事实相符，如果店里的产品并非如此，销售员却硬是这样说，那么丢掉的可能就不仅是顾客，还有店铺的信誉。

2. 服务至上，让客户满意

现代社会，随着竞争的日益激烈，在产品质量与功能大同小异的基础上，人们在购买时，也逐渐带有情感因素，更加关注销售方的服务态度，谁的服务好，顾客就购买谁的产品。可见，销售员作好服务也是催眠和赢取顾客非常关键的一环。如果照顾得不周到，很有可能让顾客感觉受到冷落，从而影响到成交。

3. 用特色跑赢对手

在追求时尚与个性的今天，人们也越来越注重产品的个性化。我们在购物的时候，也会不经意地发现那些小面积却很有特色的店面。例如，专门经营民族服饰的店铺、专门经营水晶饰品的店铺等，这些店铺虽然看起来不大，却往往内有乾坤。而如果这些店铺的导购不善言辞，那么顾客还是会觉得产品种类不足，故而“去别家看看”。

所以，作为销售员，当客户说想去别家看看时，你如果想留住顾客，就要让顾客感受到你的产品的特别之处，或者具有的某种特殊的含义，让顾客改变原有观点，以特色勾起顾客的兴趣和购买欲望，实现销售目的。

客户称需要询问家人时，你该如何催眠使其下定购买决心

销售过程中，我们经常会遇到这样的情况：我们满怀热情地为客户介绍产品，客户对我们的产品也很满意，我们信心满满地以为客户会购买；但到关键时刻，客户却说，“我得回去问问家人，我做不了这个主。”这句话犹如一盆冷水，浇灭了我们的热情。一些销售员以为客户这样说就等于拒绝购买，于是，他们放弃销售。也有一些销售员，太过急功近利，听到客户这样说，为了挽回

客户，他们死马当活马医地回应客户：“这样的事情还要问家里人啊，自己决定就行了。”“不用商量了，这么超值的产品哪里还有啊？”而这两种回应方式，无疑都会赶走客户。

其实，客户称自己要询问家人，一般情况下，有两种可能，第一种正如他所说，他需要和家里人商量；第二种可能则是，这只是一个借口，他不好直接拒绝销售人员。通常来说，在是否购买上如此犹豫不定的客户，一般性格优柔寡断，没有主见，极易受外界环境的影响。所以，遇到这种客户，销售员一定不要轻易让其走掉，而应抓住其犹豫不决的性格特点，采取一定的催眠策略，尽量引导其下定购买决心。

某男士因为结婚纪念日要为妻子购买一枚戒指，这天，他来到某珠宝专柜，看上了一枚镶钻的戒指，但最后，他说：“我怕我妻子不喜欢，我还是回去和她商量一下吧。”

销售员：“是的，您有这种想法我可以理解，毕竟买一枚钻戒也不是小数目，想与妻子商量一下也是正常的，但先生，您知道吗？其实，作为妻子，如果自己的丈夫能记住结婚纪念日，并在当日给她一个惊喜，那么，她一定更高兴；而如果您与妻子商量，那么这种神秘感也就消失了。另外，今天刚好是我们十周年店庆，会有返利活动。满一千就直降一百。这个活动仅限今天一天。而且，您也看到了，我们这里的钻戒都只有一款，而且销量很好。这样好吗，我现在暂时给您保留起来，不过我真的不敢保证下午之前这枚钻戒……所以，我真的希望您不要错过这枚钻戒……”

顾客：“我看我还是先买了吧，万一下午过来的时候，其他顾客已经买走了，那不就可惜了……”

案例中，这名销售员之所以能最终说服顾客购买，是因为她采取了软硬兼施的催眠策略：她既保持了良好的态度，又对顾客适当施压：如果顾客现在不购买，执意要回去与妻子商量，那么不仅会失去给妻子惊喜的机会，还可能会导致他中意的戒指被其他客户买走，而同时，他也会错过店庆返利的优惠。综合考虑之下，顾客自然会暂时放下与妻子商量的想法，从而选择购买。

那么，面对这种情况，具体来说，销售人员该采取怎样的催眠策略呢？

1. 认同客户顾虑的合理性

和案例中的销售员一样，如果我们能认同客户的顾虑，表达同理心，会让客户觉得你是在为他考虑，就能争取到客户的心理支持，继而拉近和客户间的距离。这样，即使客户认为需要和家人商量，你也可以暂时把顾客留住，从而为接下来的说服工作奠定基础。

2. 引导客户认识到不与家人商量的好处，进而促使其购买

案例中的销售员就是聪明的，当顾客认为需要和妻子商量时，她却从“惊喜”这个角度，让客户认识到与其与妻子商量，还不如给妻子一个惊喜。

要让客户认识到不与家人商量的好处，我们可以挖掘产品背后的意义。比如，你可以说：“其实，这不仅是一件产品，更是一种心意，是一种爱，不管它怎样，只要是你买的，你老公都会喜欢的。再说啦，如果他真有什么不满的地方，只要不影响再次销售，我们特别允许您在三天内都可以拿回来调换，您看这样成吗？”

3. 对客户施以适当的压力，催眠客户立即作决定

客户迟迟无法下定决心购买时，销售员千万不要认为等待可以得到结果，因为若客户权衡不出答案，也许会就此放弃购买。所以，很多时候客户的决定都需要销售员的参与，这就需要销售员主动出击，对客户适当施加压力，甚至帮助客户作决定，这一招通常都很奏效。你可以这样说，“我们这里的这种产品已经剩下最后一批了，而下次什么时候还能拿到这种货就说不定了”，或者说“这种产品现在特别缺货，我们公司已经不生产了”等，如果客户确实对产品满意，一般来说，他们会立即作出购买决定。

另外，我们还可以掌握一些催眠客户、让其快速成交的方法：

（1）适当赞美客户，鼓励客户尽快成交。如：您的眼光真好，您老公一定会喜欢的。

（2）从众成交法，用人们的从众心理来刺激客户购买。如：现在的小女孩都喜欢这样的款式，我相信您的女儿一定会喜欢的。

当然，运用这一方法时，我们不可急功近利，要给客户考虑的空间，适当的时候，也要退后一步，让客户自行进入催眠情境，否则很容易令客户反感。

客户认牌子不认可你的产品，说什么催眠其改变想法

当今社会，随着人们生活水平的提高和商品选择的多样性，人们的品牌意识越来越强，对品牌的热衷度越来越高，尤其是年轻的消费群体，更是将品牌定义为时尚和品位的表现。更有甚者，非品牌不购买。正因为如此，对于那些非品牌的商家，销售难度无疑就会加大。我们经常发现，任凭销售人员怎么介绍产品的优点，怎么劝客户购买，客户还是会产生疑问：“我一向只买品牌产品，这种杂牌的产品没有保障，我可不敢买。”这类客户常常会使销售员陷入尴尬。面对客户这种对品牌盲从的心理，有些经验尚浅的销售员会显得局促不安，并认为已经没有回旋的余地，只能放弃销售。而实际上，客户信任品牌，是因为品牌能带给客户一种安全感，所以，如果我们能够运用催眠技巧，消除客户疑虑，那么令客户选择购买产品也并非不可能。

一天，一位小姐来到某商场内衣销售区。

销售员：“小姐，你是想购买内衣吗？进来看看，款式多着呢！”

顾客：“这款挺漂亮的，是什么牌子的？”

销售员：“小姐真有眼光，这是我们昨天刚进的货，是 ×× 牌的，它的

透气性很好，最近我们这款产品卖得很火。”

顾客：“我没听说过这个牌子。”

销售员：“是的，可能您没听过这个牌子，这是因为我们的宣传力度还不够，真谢谢小姐您的提醒。实际上，我们这牌子已经上市七八年了。全国的大中城市都有我们的专卖店，不过本市只有我们一家。小姐肯定知道奥斯兰黛这个品牌吧，这两年，我们努力的目标就是要成为和奥斯兰黛一样知名的品牌。”

顾客：“真是这样吗？”

销售员：“是的，我们品牌的设计理念就是要让每一位穿戴它的女性感觉轻松、舒服，起到保护身体的作用。毕竟，产品质量如何，也直接关乎到我们的销售量和信誉度，把产品做好是任何一个品牌形成的最根本原因。”

顾客：“这话倒不假。”

销售员：“您手上拿的这只是其中一款，您看看这边的款式，这边还有一些设计新颖点的款式……”

案例中，我们发现，这位销售员是聪明的，当顾客提出“没听说过这个牌子”时，她并没有直接否认顾客的观点，诸如这样回答：“怎么会没听说过呢，我们可是全国知名品牌。”“这个品牌推出好几年了，在这一行业很出名的。”因为这种解释未免显得空洞无力，毫无说服力。她也没有直接承认客户的观点：“我们这牌子现在正在多家媒体上打广告。”“不瞒您说是个新牌子，刚刚上市。”因为这样回答无疑是验证了顾客的顾虑。这里，她采用的催眠策略是：先给自己的品牌找了个不为顾客知道的理由——“我们的宣传力度不够”，然后她再将品牌的目标和发展趋势告知顾客，最后，她将产品的主要优势介绍给顾客。听了一系列的分析后，顾客才打消了对这一陌生品牌的疑虑。

那么，针对客户只认牌子不认产品的这种情况，销售员该说些什么来催眠客户使其改变想法呢？

1. 劝客户试用，让产品效果说话

客户不相信非品牌的产品，是因为他们更相信品牌能带给他们安全感。为此，想让客户肯定你的产品，最有力的方法就是让客户亲身体验，当客户试用了这个新产品，感到到产品效果时话，客户也就会接受这个品牌。

2. 将产品与客户信任的品牌进行对比

我们可以这样向客户提问：“那么，您觉得哪个牌子的产品好呢？”当客户回答后，我们首先要认同客户的观点，然后再将自己品牌的产品和名牌产品进行比较。如果二者相同，则强调自己产品的优势；如果产品不一样，则强调产品的特性。

3. 出示关于产品的最有力的证据

这应该是最有效的催眠客户的策略了。有些时候，如果我们的产品无法让客户试用或者为客户演示，那么我们不妨向客户提供关于公司品牌的一些具有说服力的资料，或是承诺质量保证，或是证明公司优秀的经营管理和较强的进货能力，还可以向其介绍一些品牌的销售状况和品牌的发展前景等。

总之，如果客户只认品牌不认我们的产品，我们就要从产品质量方面给予客户保证，并强调我们产品的优势不仅在于产品本身，而且在价格方面也会让客户感觉物超所值。同时，我们可以适时引导客户体验产品，让他体验产品为其带来的好处，使之自然而然被我们引导和催眠，进而放弃对名牌产品的执着。

客户说要再考虑一下，如何说催眠其产生紧迫感

销售过程中，很多时候，无论销售员如何热情地介绍产品，客户都似乎觉得产品可有可无，通常他们会告诉销售人员“再考虑一下”，而实际上，这只不过是他们习惯性拒绝的借口。这种情况下，销售工作该怎样进行下去呢？客

户没有很强烈的购买欲望，是因为没有急需产品的紧迫感。因此，当销售常规方法不起作用的时候，你可以运用心理催眠技巧来争取客户，比如，我们可以主动出击，为客户制造点难题，从而让客户自己感知到产品的必需性。

小刘是一名生产设备销售员，他有个“老顽固型”客户，这位客户的工厂里的机器已经陈旧的几乎无法再继续使用，但他就是不愿更换，任凭小刘苦口婆心地分析是否更新设备带来的利弊得失，他就是不为所动。无奈之下的小刘决定亲自去客户工厂看一看，来到工厂后，小刘在客户经理的带领下，决定参观一下生产车间。看着那些陈旧、难看的机器，小刘突发奇想，对客户经理说：“您知道隔壁工厂这月的生产量吗？”

客户：“我知道，我也一直为这事儿纳闷儿呢，以前我们两家的生产量差不多，但最近他们不知道为什么，生产量突飞猛进。”

销售员：“其实很简单，他们购买了我们公司新研发的 ×× 牌生产设备，生产效率大大提高。实际上，不仅是他们一家工厂，全市大部分同行业的工厂都购买了我们的设备，我想汪总您也不希望自己落后吧。”

客户很尴尬，之后，在同小刘的交谈当中他一度陷入沉思。最后，当小刘即将离开时，他主动提出想购买一套新的生产设备。

这则销售案例中，销售员小刘之所以能让顽固的客户最终决定购买新的生产设备，是由于他利用对比的催眠法，让客户认识到如果自己不购买产品，将会落后于同行和竞争对手，迫使客户心里失衡。

为客户制造些难题，让客户感到产品的必需性，是催眠式销售过程中常用的方法。对于那些对产品没有急切的需求、强调要再考虑一下的客户，我们也要积极争取、主动出击，用最有效的方式走进客户心中，引起客户注意，利用“问题制造法”让客户进入我们设定的情境中，将其一举拿下，从而保证销售工作顺利完成。

那么，在销售过程中，我们该如何让客户产生购买产品的紧迫感呢？

1. 暗示客户如果不购买可能会造成某种利益上的损失

销售过程中，我们可能会偶尔遇到这样一类客户，面对我们对产品最专业的推介和劝说购买，他们总是无动于衷。假如我们能从反面解说，暗示客户不买产品将会带来某种损失，那么，为了避免遇到这样的损失，客户是不会坐视不理的。比如，我们可以这样说话刺激他们：

“这批是我们厂最后一批 A 型号经典设备，我们现在生产的所有设备都采用了新的工艺和技术，像这样经典的老设备可就是最后一批了，而且价格如此优惠，如果贵厂不加快行动，指不定哪个厂家就买去了。”

“酒吧和 KTV 是火灾的安全隐患最严重的地方，而且这些地方经常都会发生打架斗殴等事情，必然会使贵公司遭到损失，所以我建议您了解一下我们这份保险业务。”

可见，只要我们能主动出击，为顾客制造点难题，掌握销售的主动权，顾客一般都会向我们敞开大门或是立即成交。

2. 本着为客户考虑的本意

现实销售中，很多销售员表现出来的是为了销售而销售，这无疑会加重客户的种种疑虑，令其不愿购买。客户只有在认为现在作出成交决定可以获得最大利益的前提下才会真正决定成交，所以，销售人员要更多地站在客户的立场上说话，要让客户明白你是在诚心诚意地替他们着想，打消客户的抗拒意识，从而使其接纳你的引导和催眠。

3. 不可威胁客户

销售员在让客户产生购买产品的紧迫感的同时，一定要注意自己的说话方式和态度，不可让客户觉得自己受到威胁。而事实上，一些销售员常常事与愿违，原本是希望激发客户对产品的购买欲望，却造成完全相反的结果，赶走了客户。

另外，我们在给客户制造难题、催眠客户的时候，最好先把握住客户关注的焦点。从焦点入手，让他们了解拒绝可能会导致关注点的损失，从而一举击破对方，让对方俯首就擒。

运用“分解”法催眠客户打消拒绝

销售过程中，客户提出异议是一个再正常不过的现象，对产品有异议，才是真正有购买动机的；如果完全没有购买动机，大可不必费尽口舌提出疑问。因此，异议既是成交的障碍，也是成交的契机，因为一旦为客户消除了异议，就离成交不远了。而对于客户的异议，我们完全可以采取“分解法”的催眠方式进行化解，所谓“分解异议”，就是根据客户提供的不同的异议，避开客户问题的矛头所在，转换一下思维，让客户自己明白异议是多余的，从而达成交易。我们先来看一个销售案例：

小林是某电器公司的推销员，这天，他遇到一位前来购买洗衣机的客户，这位客户对产品的功能、质量都十分认可，但是希望小林能再为其打个折。小林告知客户产品能打几折都是公司的制度，并不是自己能说了算了的，此时，客户说：“你们的制度为什么那么死，不如别的商家灵活，你们能卖出去吗？”

对此，小林给出了肯定的回答：“因为 ×× 商品是通过质量创建品牌，而不是通过销量创建品牌，我们一直认为没有一个严谨的、稳定的制度是不能制造出好的产品来的，也不能对消费者负责。您说呢？”

客户：“你说得也对，那好吧，我买下了。”

很明显，案例中，这位客户被销售员的解释折服了。这里，这位销售人员“分解”了客户的异议，让客户承认了自己犯的错，进而成功实现催眠客户、达到成交的目的。

销售员消除客户的异议时，需要根据异议的类型而定，这个过程中，需要销售员采取相应的处理方式。销售员可以选择以下几种催眠方法：

1.“是的”——“但是”法

这种回答的方式就是先肯定后否定，先肯定客户的异议，然后再解决客户的异议，这是一种无形的否定。

2. 自爆其短法

销售员在察觉客户可能要提出某些异议时，可以先主动把问题指出来，这样做的好处是，可以主动消除客户的疑虑；另外，显示了自己的态度的真诚，给客户一种诚实、可靠的印象，从而赢得客户的信任。但是，销售员在指出这些问题的时候，一定要懂得自圆其说，不要落个让自己下不来台的下场，客户需要的是一个圆满的解释。

例如：“您现在可能考虑的是电脑的辐射，实际上，任何电脑都是有辐射的，不过，我们公司在这方面会为您提供一套缓解辐射的眼罩。”

3. 询问法

这种方式是：从客户的疑虑中找出问题的症结，然后为客户解除疑虑。想要运用这种方法，要求销售员对产品的各项知识有很深厚的了解。

例如，一位客户在商场选购东西，看到一把很漂亮的锯，想买回家做一些小东西，可是一看把柄是塑料做的，就放下了。售货员走过来问为什么，客户问道：“为什么这把锯的把柄要用塑料的而不用金属的呢？这肯定是为了节约成本。”售货员回答：“我能明白你的意思，但可能你真的误会了，我们是为了用户考虑。您看，您在使用锯的时候，本来就要费力了，如果还使用一个金属的把柄，那会更费力的。您看，这种塑料是很坚硬的，和金属的一样安全可靠，既轻便，价格又便宜，这不是很好吗？”

4. 类比法

销售员在遇到客户提出某种异议时，如果不好解决，可以转移客户的注意力，运用同等道理向客户解释原因，这样也许能令客户理解起来更容易。

例如，客户说："人的脸上还是什么都不抹的好，抹一堆护肤品，皮肤都不能呼吸新鲜空气了。"销售人员回答："小姐，您知道为什么人身体的其他部分的肌肤比脸部的更健康吗？因为人身体的其他部位有衣服的保护，而脸部经常暴露在外面，所以更容易受到一些外界不良因素的侵袭，皮脂腺分泌出的油脂沾上了空气中的粉尘和污垢之后，就很容易阻塞毛孔，使皮肤产生黑黄色素、脓包、粉刺和过敏等。所以我们应该给面部皮肤穿上衣服。"

总之，销售过程中，无论客户提出什么样的异议，只要销售员能掌握客户的心理，并对症下药、进行逐步引导和催眠，让客户收回自己的异议，那么，实现最终成交并不难。

第13章

催眠式销售步骤五：深化催眠，把客户的“担心”转化成购买的理由

在催眠式销售的过程中，客户对产品总是存在这样那样的疑虑：你向客户讲解具体的产品性能，客户却因为成见而不置可否；你向客户报出最实惠的价格，客户却以为你漫天要价；你真诚地对待客户，他却以为你包藏祸心，小心防备……这些疑虑正是成交的最大障碍之一，无形中给我们的销售工作带来难度。此时，我们要想成功推销，可以采取一些催眠策略，逐步引导客户，使其向我们打开心结，从而揭开客户的真实意图，并做到有的放矢，针对客户不同的疑虑，采取不同的催眠策略加以解决。

察言观色，发现客户顾虑并巧妙解决

催眠式销售过程中，很多销售员反映："为什么我们总是摸不清楚客户在想什么？为什么客户就是不购买呢？"的确，无法摸清客户在想什么，是无法催眠和打动客户的。然而，现实销售中，很多销售员忽视了这一点，他们只顾着将自己的目光盯在所推销的产品上，而无数的事实证明这样错了。作为销售员，我们要想掌握催眠式销售的精髓，就要善于察言观色，并能找到客户的顾虑然后加以解决，如此才能成功实现成交。

一天上午，某汽车4S店来了一位打扮不入时的先生。店内的推销人员对这位先生上下打量一番，都不予理会，只有陈玲上前打了招呼："先生您好，我是这家4S店的销售员陈玲，很高兴为您服务。"为了不打扰顾客看车，作完自我介绍后的她就在一旁观看，并未出声。

就这样，这位先生一个人在店内转悠，一会儿说这辆车车价太高，一会儿又说那辆款式不漂亮。看到一旁的陈玲，他说："我今天只是随便看看，没有带现金。"

"先生，没有问题的。我和您一样，有很多次也忘了带。谁也不会身上随时带着很多现金，您尽量看，有什么问题可以尽量问我。"

"好的，谢谢你。"然后，稍微停顿一会儿，陈玲观察到客户有种脱离困境、如释重负的感觉。陈玲想：他是真的没带钱，还是没有购买能力呢？于是，针对这个问题，陈玲决定大胆地试探一下顾客。

"先生，您有中意的车吗？"

“那辆奥迪不错。”

“是的，您的眼光不错，这辆车最近卖得很好。”

“是吗？可是，能分期付款吗？”这下子，陈玲明白了，原来顾客是担心价格和付款方式问题。于是陈玲说：“当然可以，你现在就可以与我们签约。事实上，您不需要带一分钱，因为您的承诺比世界上所有的钱更能说明问题。”

接着，陈玲又说：“就在这儿签名，行吗？”等他签完后，陈玲再次强调说：“您给我的第一印象很好，我知道，您不会让我失望的。”

结果确实没令她失望，第二天，这位顾客就带来首付提走了那辆车。

这则销售案例中，销售员陈玲之所以能轻松推销出去这辆车，是因为她的专业素养和良好态度成功催眠了客户。这里，她和其他销售员不同，面对打扮不入时的客户，她还是愿意一试；并且，最可贵的是，她敢于主动试探顾客，从而让客户自己道出了购买的顾虑——希望分期付款。的确，客户的购买能力是决定客户能否完成购买的关键因素之一，如果客户没有经济实力，即使他们的需求再强烈，也不会购买。

当然，除了购买力之外，顾客的顾虑还有很多，比如自身的需求、信誉状况以及支付方式等。

那么，具体来说，我们该怎样发现客户的顾虑并催眠其购买呢？

1. 善于观察客户的一举一动

在面对客户时，销售员要善于观察客户的一举一动，并从中了解到客户的的身份、出价水平和购买商品的意向。通过对这些问题的分析，销售员能大致猜测出客户的顾虑。

2. 积极地发问

在猜测到了客户可能存在的某些疑虑以后，销售人员可以主动发问，以此来确定自己的猜测。只有这样，才能抓住时机，然后步步深入，逐步打消客户的顾虑。

然而，与客户初次沟通的时候，出于防备心理，客户可能有意隐瞒自己的想法，比如自己的喜好、购买能力以及真实需求等方面。然而，这些都是我们在催眠式销售中一开始就要了解的重要信息，因此，我们在以提问的催眠技巧探明这些信息的时候，一定要注意方式，最好以温婉探问的方式，尽量在悄声无息中了解。否则，很容易让客户产生反感的情绪，最终拒绝你的推销。

3. 认同顾客顾虑的合理性

和案例中的销售员一样，如果我们能认同顾客的顾虑，表达同理心，会让顾客觉得你是在为他考虑，就能争取到顾客的心理支持，继而拉近和顾客间的距离，从而为我们接下来的说服工作奠定基础。

总之，销售员在与潜在客户沟通的时候，只要善于观察、巧妙探寻、积极提问，便能了解客户的某些隐秘信息和顾虑，起到催眠效果。当然，我们也一定要注意自己的言行，太过直接、明朗会引起客户的负面情绪！

先给客户一颗定心丸，防止客户疑虑过多

在销售过程中，客户总是存在诸多疑虑，而这正是阻碍成交的最大障碍之一。这也是有原因的，有些销售员为了尽善尽美地展现自己的产品，总是报喜不报忧，甚至把产品吹嘘得趋于完美，并刻意隐瞒产品或服务的缺陷：交货日期明明最起码要一个月，你却说只要二十天；你负责销售的电脑辐射很大，却说电脑的辐射是行业里最小的……你这样说，并不能取得客户的信任；相反，客户迟早会发现你的“伎俩”，并拒绝你的推销。而实际上，如果我们能运用催眠技巧，事先预防客户的疑虑，就能免除很多问题，其中重要的一点催眠技巧就是：主动暴露产品的某些无关紧要的小缺点，或者主动提出客户的疑虑，

这样就等于给客户吃了一颗定心丸，从而令其对我们产生信任。

小齐是一名供暖设备的推销员。一次，他要将一批供暖设备推销给某假日酒店，客户对他的产品很感兴趣，但到最后，却并没有如预料中那样顺利地成交。小齐知道问题出在了价格上，于是，他主动提出：“王总，我明白，可能您觉得我们的产品贵了些，这一点，我也承认，但在刚才我给您演示的产品的过程中，您也看到了，我们的设备完全是一套节能环保设备，甚至可以变废为宝，这是其他任何供暖设备所不能做到的，也会为贵酒店带来很多可观的收益……”小齐说完后，对方连连点头，最后顺利签了约。

这则销售案例中，销售员小齐很聪明，他就是使用了这一催眠技巧——在客户提出价格异议前，主动告诉客户产品“贵”的原因，这样，客户就会打消“购买产品会吃亏”的疑虑，自然会选择购买。

而实际销售中，很多销售员认为：关于产品，客户知道得越少越好，甚至认为有时候歪曲一下事实是“聪明”的表现，是自己好口才的重要表现，因为客户相信了。殊不知，客户迟早会发现问题，客户一旦发现，也就对我们失去了信任。

所以，每一个销售员都应该明白：诚信是维持友好客户关系的根本，只有以诚实的态度和恳切的心情去与客户打交道，才能拥有更多客户，销售工作才能更好地进行下去。

那么，在销售中，为了防止客户疑虑过多，我们该怎样催眠客户、给客户吃这颗定心丸呢?

1. 让客户主动说“是”，承认我们产品的优点

销售过程中，最有成效的催眠技巧技巧无非是让客户自己承认产品的优良、服务的到位等。让客户在拒绝之前先说“是”，就能有效将客户的拒绝遏制住，比如，你可以对客户说：“× × 先生，您应该知道我们的产品向来都比 A 公司的产品价位低一些吧？”

当然，销售员在让客户肯定某些销售情况时，必须要在对该情况有十足的把握，不能让客户抓住把柄。

2. 自爆其短，主动说出一些小问题

在销售中，我们可能经常对一些销售前辈们的做法感到不解：为什么他们会主动向客户透露一些产品的缺点？这样做不等于赶走生意吗？然而事实并非如此，这些销售前辈们的做法是正确的。因为，任何一个客户都明白，没有产品是完美无缺的，如果我们一味地提产品的优势，而掩盖产品的不足，反而会引起客户更多的疑虑甚至反感。“不打自招”则会打消客户的疑虑。

但我们要注意，在说这些问题的时候，态度一定要认真，让客户觉得你足够诚恳，并且这些问题的内容一定是无碍大局的，不影响产品给客户的整体印象。例如，某些技术型的产品外观不是特别好，如果你能先提出，反而会使那些理智型或挑剔型的客户更快对你产生好感，这样接下来的沟通也就会更加通畅。

3. 巧妙地告诉客户真相

我们给客户吃定心丸，告诉客户某些产品的缺陷和不足，也是要讲究技巧的。告诉客户产品的真实情况，并不是说销售员要将所售产品的问题简单地罗列在客户面前。如果销售员冒冒失失地将产品的某些缺陷告诉客户，客户可能会因为接受不了这些缺陷而放弃购买。如果销售员掌握一定的技巧，不仅可以赢得客户的信赖，还可以更有效地催眠客户，使客户产生更加积极的反应。比如，你可以转移话题，告诉客户产品的其他方面的优点。许多时候，当你运用恰当的技巧诚恳地解释清楚个中原委时，明理的客户不但不会反感，反倒会被你的诚实可信所打动。

总之，销售员还必须明白，真正的催眠式销售的技巧，就是要让客户长期地信任你。为此，销售员有时候不妨主动给客户吃颗定心丸，主动告诉客户产品某些的真实情况，以此获得客户的信任，防止客户顾虑过多。

探问出客户的表面疑虑后的真实意图

销售过程中，客户对产品总是存在这样那样的疑虑：你向客户讲解具体的产品性能，客户却因为成见而不置可否；你向客户报出最实惠的价格，客户却以为你漫天要价；你真诚地对待客户，他却以为你包藏祸心，小心防备……这些疑虑导致客户做出不赞同、提出置疑或拒绝的言行。客户存在疑虑，这是司空见惯的，但若客户为了防备销售人员，为了掩盖自己的真实意图，表现出假的疑虑，那么无形中就给我们的销售工作增加了难度。此时，我们要想成功推销，就必须要揭开客户的真实意图，只要这样，我们才能继续展开催眠式销售。

某化妆品店内来了一位年轻的小姐，她在店内转悠了半天，在一款化妆品面前停了下来，并试用了一些产品。

销售员：“小姐，这款化妆品是我们专卖店内目前销量最好的产品。你用起来感觉怎么样？”

客户：“是吗？我还是觉得不适合我的皮肤。”这位小姐一边说，一边看产品标签，完全没有了刚才试产品时的一脸笑容。而聪明的销售人员马上看出来了。

销售员：“小姐，这是我们今年限量款的主打产品，适合任何性质的皮肤，所以您可以放心使用，这也是我们的化妆品比其他产品稍微贵点的原因。”

客户：“的确，这套产品价格真的太贵了！”

销售员：“小姐，那您认为贵了多少钱呢？”

客户：“至少是贵了 400 元吧！”

销售员：“小姐，那您觉得，如果选用我们的产品的话，您可以用多久呢？”

客户：“这个嘛，我比较省，怎么也要用半年吧。”

销售员：“那么，使用您以前用的那种化妆品呢？”

客户："原来那个两个月要买一套吧，因为效果不太明显。"

销售员："这就对了。您看，您看原来那个牌子的化妆品是200元一套，可以用两三个月，我们按照三个月计算，您半年需要花400元。但是小姐，实不相瞒，我们这种化妆品如果您比较省，至少可以用一年，这是所有客户共同得出的经验，由于它富含的营养成分比较多，所以只要稍微用一点，就可以了。"

客户："真的是这样的吗？"

销售员："这是我的客户共同的见证。您看看我们的意见反馈表……"

客户："这样啊，好，我相信其他女孩子的眼力……"

这则案例中，我们发现，这位化妆品销售员是聪明的，她的催眠技巧也值得我们学习。当客户提出化妆品不适合自己时，她通过观察客户的动作，发现了客户可能是另有其他原因，于是，她采取试探的方法，对客户说："这也是我们的化妆品比其他产品稍微贵点的原因。"对于这一说法，客户立即表示赞同，这也就是说，销售员的猜测是正确的。于是，接下来，销售员把工作重心放到了解决客户的价格疑虑方面，从而达到了有的放矢地催眠客户购买的目的。

实际上，销售中，客户的真实意图和借口是比较难区分的，因为它们之间不存在一个确定的界限，两者是随时随地在发生变化的。销售员如果想有效地区分开这两者，除了具备丰富的产品知识外，还要善于在销售中总结经验教训，提升自己的辨别能力。那么，销售中，我们该如何试探出客户表面疑虑后的真实意图呢？

1. 观察客户的非语言

人们对待他人的态度，在语言上可能有欺骗性，但在神态、表情和动作上是很难掩盖和隐藏的，所以销售员要善于观察和分析，然后准确地判断对方眼神眉宇间透露出的不同信息，这样就很容易弄清楚客户表达的异议是真是假了。比如，"这件衣服是很早前流行的款式了，现在早过时了！"或者，"这种照相机的功能我很喜欢，但是它的样子太丑了。"如果客户嘴上这么说，眼神始终却不肯离开产品，那么，这就表明他说的并不是他的真正想法，他是希望借这种假象，来取得销售员的让步。

2. 看客户提出的异议与产品的关系是否密切

当销售员向客户介绍关于产品的某些情况时，客户却突然问起与这毫无关系的问题，这个问题多半是客户不想购买的借口。比如：

销售员：“太太，我们的这种美容按摩器可以有效地促进面部的血液循环……您看过 ×× 明星为我们产品做的代言吗？其实 ×× 已经 50 多岁了，看起来却像是 30 岁的人……”

客户：“广告都是经过后期制作才出现那么好的效果的，你亲自在拍摄现场看到 ×× 了？”

3. 仔细观察客户听完异议解释后的态度

客户提出疑虑，当你对这些疑虑一一作答后，如果客户还表现出漫不经心的态度，甚至继续问一些不着边际的问题，那么这说明销售员还没有找出他的真实意图。

在实际的催眠式销售中，客户很可能会隐藏自己的真实意图，甚至会找各种各样的借口。判断出真假异议之后，针对真的异议，销售员要采用相应的催眠技巧，注重引导客户消除异议；而假的异议，销售员就应该通过提问或旁敲侧击的方式来判断出客户的真实意思，从而更好地应对，做到有的放矢。

正反面提醒的催眠法，向客户施压

在我们的生活中，我们会发现，不少商家会开展“限期促销活动”，这一促销方法可以创造一种热烈的销售气氛，其实也是催眠式销售策略，因为所谓的“限期”其实都是要客户注意一点——超过期限就不能享受如此优惠！而消费者也对商家有意无意传递的这种意义心知肚明，所以很多消费者都会选择在节假日或企业推出的促销活动期间进行“疯狂购物”，即使需要排队等待也乐此不疲。

除此之外，很多销售员个人也经常使用这一方法来促进客户购买：销售人员个人与客户进行沟通谈判时，可能要面临更多的客户异议，因为客户此时不是主动购买，而是需要销售人员的说服。如何说服他们下定决心呢？也许任凭销售人员说尽产品的益处，客户也无动于衷。面对这种情况，销售人员必须改变策略，至少不要让自己的催眠形式过于单调。例如，可以向客户提出“假如此时不购买我们的产品，您将会受到……损失”的暗示，从而使客户处于一种紧张不安的情绪中，这时，销售员的劝说将会更容易奏效。

小王是某保健器材的销售人员，他认识了潜在客户杨总。小王对这个杨总进行了一番了解。原来，杨总是一个很孝顺的儿子，对母亲的健康很在意，而且只要认准了产品就不会在价格上斤斤计较。

在见到杨总并与之进行一番交谈后，小王向杨总介绍了这种保健器材的一些功能和特点。杨总说他目前没有这方面的需要，如果有需要的话，他一定会与小王联系的。小王听出，杨总是在下逐客令。可是小王并没有放弃，他又说：“听说您的母亲就要过七十大寿了，人生七十古来稀呀，不过以您母亲的身体状况就是再活 70 年也没问题呀！”

杨总听了慨叹道：“哎，虽然我母亲保养得一直很好，可是毕竟年龄大了，身体一日不如一日了呀，最近就时常闹些小毛病。”

小王说：“其实老年人身体状况不好光靠吃药是没用的，关键还是要经常做些有益的活动，这样一来可以增加身体的抵抗力，二来可以使他们在运动的过程中保持一个良好的心情。”

杨总仍然神色严肃地说：“以前我母亲也出外参加一些活动，可是最近她自己总觉得太累，再说我也怕她到外边活动出现什么问题不好及时处理。这个问题愁坏我了。”

小王接着说：“我们公司的产品正好可以帮您解决这个难题……”

在说明了使用这种保健器材的一系列好处之后，小王看到杨总已经有了点购买产品的意思，他想现在应该是趁热打铁的时机了，于是他又说：“如果您不能在母亲七十大寿的时候送给她一件有意义的礼物，那她一定会很失望的。这种保健器材不仅可以让她老人家感受到您的孝心，而且每次看到它时，老人家都会想起自己这个值得纪念的生日的。这种保健器材我们销售部只剩下 3 台了，如果您现在不买下的话，等到您想买的时候恐怕就要卖完了，到时候只能等公司总部发货过来。如果那样的话，那您一定会感到遗憾的。”

“好吧，我现在就要货，你先把它送到我的办公室，我想等母亲生日那一天给她一个惊喜。”显而易见，杨总已经迫不及待了。

案例中，销售员小王就是运用“提醒”这个催眠方法直接让对方注意：如果你不购买产品会怎样。他的聪明之处还在于，他做了准备工作，在推销前先对客户进行了一番了解，这样，劝服的时候，成功的概率就大了很多。

那么，我们在提醒对方注意的时候，可以采用哪些催眠技巧呢？

1. 正面“提醒”

想让对方接受我们的想法或者达到某种目的，并不一定要反复提醒他“如若不怎样会怎样”，你可以直接告诉他，“如果你怎样你会有什么益处”。但前提是，你必须对对方有很深刻的了解，知其所好，这样才能把“提醒”说到对方的心坎上；同时，要让对方理解我们的出发点是善意，不然只会适得其反，引起对方的怀疑。

2. 反面“提醒”

也就是说，我们可以告诉对方“如果你不购买会怎样”，因为客户都有害怕失去的心理，左右思量后，对方势必会中我们的“圈套”。

总之，只要我们把握好这种心理催眠的方法，进行合理而巧妙的暗示，就可以声东击西、混淆客户的视听，从而顺利达到我们的成交目的！

巧用“最后时限”的催眠技巧让客户就范

催眠式销售的过程中，我们发现，很多情况下，客户明明已经答应购买，也没有任何其他异议了，但就是不成交，此时，我们不妨巧妙利用“最后时限”的催眠技巧，以此转败为胜。所谓“最后时限”技巧，也就是要让交涉对方在最后时限内作抉择。其实，这个时候，你不必多作干涉，只须让对方自己产生一种“心理认同感”，让他自己得出结论即可，这往往比我们巧舌如簧的劝解更有效。而在此之前，我们需要作个心理引导，把对方的思路引到预定的轨道上来，这样，催眠的目的也就能顺水推舟地达到了。可见，在整个交涉过程中，心理催眠的策略贯穿其中，掌握一定的催眠策略，能让我们在销售过程中掌握大局，立于不败之地。

某个周五的下午，某部门主管代表公司与另外一公司同级领导讨论合作事宜，但是讨论了很久，仍未能得出一个好的解决方案，这样讨论下去，只会耗费更多的时间。眼看就要到下班的时间了，这位主管发话了：“今天大家的兴致都特别高，非常好，不过仍然没有一个比较满意的方案。要不这样吧，反正明天周末，我们加班讨论，如果还是决定不了，星期六再接着讨论！各位觉得如何？”全场哗然。过了一会儿，还没到晚上九点，新的方案就出来了。

为什么会出现这样的结果？因为忙碌了一周的大家都在期待着周末，没有谁希望自己的周末耗在无聊的办公室里，因此，他们只想快点结束会议。

当然，如果是销售中的谈判，那么就需要反过来处理，一定要撑到最后一秒钟。能在谈判中取胜的人往往就是能够顶住“最后期限”这个巨大压力的人。

在运用“最后时限”这一催眠策略时，我们需要注意：

1. 在最后时限成熟的条件下

（1）处于一个强有力的优势地位

如果你能事先了解到这笔交易的达成对于客户来说更为重要，或者其他竞争对手根本不具备你所代表的利益团体所拥有的条件，那么，你就占据了有利先机。如果要继续进行交易的话，对方只能找你。这是运用这一策略的基本条件。

（2）最后阶段才能使用

为了逼迫客户让步，己方可以发出最后通牒。因为，在谈判的最后阶段，对方已在谈判中投入了大量的人力、物力、财力和时间成本， 一旦拒绝你的要求，这些成本将付之东流，并且其谈判代表回去后也不好向企业交代；同时，越是到最后阶段，通过己方的陈述，对方越是能认识到此次谈判可能给他们带来的巨大利益，当意识到只要在最后一两个问题上作出让步即可获得这些利益时，他们就可能接受你的最后通牒。

（3）你的建议和交易条件在客户的接受范围之内

如果你提出的成交要求实在过分，那么即使对方想成交，也是有心无力；而若你提出的要求在对方的最低目标之上，这时，你发出最后通牒，则不会引起强烈的对抗和反击，对方可能会表明对己方的不满态度，然后接受你的要求。

（4）在能实现你最低目标的前提下

最低目标是你必须坚守的最后一道防线。如果对方提出的成交条件已经超出了你所能承受的底线，那么，谈判是否成功对你来说毫无意义。

（5）使用其他方式无效

当谈判陷入僵局，对方给你施加太大的压力，你无计可施，妥协退让也无法满足对方的欲望时，最后通牒往往是最后一个可供选择的策略。此时，若最后通牒也无法迫使对方让步，则只能接受谈判破裂的结局。

2. 注意巧用最后时限的技巧

（1）“最后时限”最好由谈判队伍中身份最高的人来表述

发出最后通牒的人身份越高，其真实性也就越强。当然，改变的难度也就越大。

（2）“最后时限”的态度要强硬

语言要明确、毫不含糊，应讲清正反两方面的利害，不让对方存有任何幻想。同时，己方也要作好对方真的不让步而退出谈判的思想准备，以免到时惊慌失措。

（3）用谈判桌外的行动来配合己方的“最后时限”

发出“最后时限”后，再以实际行动表明己方已作好了谈判破裂的准备，如酒店结账，预订回程的车票、飞机票、船票等，从而进一步向对方表明最后时限的决心。

（4）实施“最后时限”前必须和更上级领导通气

你要让他明白为何实施最后通牒，究竟是出于不得已，还是作为一种谈判策略；否则，上级很可能由于不明真实情况，而对实施最后通牒横加干涉，破坏己方的谈判策略和步骤。

总之，销售人员利用“最后时限”这一催眠策略时，需要一定的条件和谈判技巧，既要让对方相信己方的“最后时限”是真实可信的，又要让对方无法还手，接受最后通牒的条件。

参考文献

[1] 林俊良 . 世界最神奇的催眠术 [M]. 南京：江苏文艺出版社，2012.

[2] 张世辉 . 催眠式销售 [M]. 北京：北京联合出版公司，2016.

[3]（美）奥蒙德·麦吉尔 . 催眠术圣经 [M]. 严冬冬，译 . 长春：吉林文史出版社，2010.

[4] 李昊轩 . 一本书读懂销售心理学 [M]. 北京：中国商业出版社，2012.

[5] 吴建华 . 超级销售技巧 [M]. 北京：中国纺织出版社，2010.